essentials

essentials liefern aktuelles Wissen in konzentrierter Form. Die Essenz dessen, worauf es als „State-of-the-Art" in der gegenwärtigen Fachdiskussion oder in der Praxis ankommt. *essentials* informieren schnell, unkompliziert und verständlich

- als Einführung in ein aktuelles Thema aus Ihrem Fachgebiet
- als Einstieg in ein für Sie noch unbekanntes Themenfeld
- als Einblick, um zum Thema mitreden zu können

Die Bücher in elektronischer und gedruckter Form bringen das Expertenwissen von Springer-Fachautoren kompakt zur Darstellung. Sie sind besonders für die Nutzung als eBook auf Tablet-PCs, eBook-Readern und Smartphones geeignet. *essentials:* Wissensbausteine aus den Wirtschafts-, Sozial- und Geisteswissenschaften, aus Technik und Naturwissenschaften sowie aus Medizin, Psychologie und Gesundheitsberufen. Von renommierten Autoren aller Springer-Verlagsmarken.

Weitere Bände in der Reihe http://www.springer.com/series/13088

Thorsten Knoll

Wissenschaft auf Messen präsentieren

Das Messe-Einmaleins für
Hochschulen und wissenschaftliche
Einrichtungen

Mit einem Grußwort von Dr. Peter Neven,
Hauptgeschäftsführer des AUMA
Ausstellungs- und Messe-Ausschuss der Deutschen
Wirtschaft e. V. Berlin

Thorsten Knoll
TUBS GmbH
Berlin, Deutschland

ISSN 2197-6708 ISSN 2197-6716 (electronic)
essentials
ISBN 978-3-658-26807-7 ISBN 978-3-658-26808-4 (eBook)
https://doi.org/10.1007/978-3-658-26808-4

Die Deutsche Nationalbibliothek verzeichnet diese Publikation in der Deutschen Nationalbibliografie; detaillierte bibliografische Daten sind im Internet über http://dnb.d-nb.de abrufbar.

Springer Gabler
© Springer Fachmedien Wiesbaden GmbH, ein Teil von Springer Nature 2019

Springer Gabler ist ein Imprint der eingetragenen Gesellschaft Springer Fachmedien Wiesbaden GmbH und ist ein Teil von Springer Nature
Die Anschrift der Gesellschaft ist: Abraham-Lincoln-Str. 46, 65189 Wiesbaden, Germany

Was Sie in diesem *essential* finden können

- Einen praxisorientierten Leitfaden für die Planung und Umsetzung von Messebeteiligungen
- Beispiele, Messetipps und Checklisten
- Zentrale Aspekte einer erfolgreichen Messebeteiligung

Grußwort

Liebe Leserinnen und Leser,

vor Ihnen liegt eine kurze Einführung in Grundsatzfragen des Messewesens und der Beteiligung an Messen. Kennt man Messen doch als Instrumente für Vertrieb und Absatz, für die Erschließung von Auslandsmärkten und letzten Endes auch für den Austausch von Ideen insbesondere zwischen den Wirtschaftssubjekten. Insofern sind Messen ein ideales Instrument in der B2B-Kommunikation, und auch im Zeitalter der Digitalisierung dürfte es noch eine Weile so bleiben. Messen bieten nun mal die Möglichkeiten, Menschen direkt zusammenzubringen und dementsprechend auch dabei über Exponate zu diskutieren und Vor- und Nachteile bestimmter Produkte gleich vor Ort mit dem Hersteller zu erörtern.

Aber Wissenschaft auf Messen? Dem Autor ist es hervorragend gelungen, Messen als Instrumente des Wissenschaftsmarketings dementsprechend mit einem Bündel an Beteiligungszielen darzustellen. Wir freuen uns darüber, dass dabei die bewährten Tipps für Vorbereitung, Durchführung und Nachbereitung einer Messebeteiligung durch ausstellende Unternehmen so umgesetzt sind, dass die relevanten Empfehlungen für gelungene Messeauftritte auch auf die Zielgruppe der Vertreter der Wissenschaft übertragen werden konnte. Vertreter der Wissenschaft und von Forschungseinrichtungen sind auf internationalen Messen in Deutschland nicht wegzudenken. Im Schnitt nehmen bis zu 20 verschiedene Einrichtungen an einer internationalen Messe in Deutschland teil. Fast 3.000 Beteiligungen an Messen und messeähnlichen Veranstaltungen werden im Jahr erfasst und immer stellt sich der Hochschuleinrichtung die Frage: „Sind wir gut vorbereitet und nutzen wir das Medium Messe wirklich mit allen seinen gebotenen Facetten?" Dazu gibt es seit fast 30 Jahren eine Interessengemeinschaft, den Messearbeitskreis Wissenschaft, bei dem über die Landesgrenzen hinweg die zuständigen Vertreter für Messebeteiligungen auf Landesebene zusammenkommen. Dieser Kreis fördert als zentrales Kompetenznetzwerk den Technologie- und Wissenstransfer auf Messen und Ausstellungen sowie das Studierendenmarketing von Hochschulen. Der AUMA ist schon fast 20 Jahre eng mit diesem Kreis verbunden. Im Jahre 2015 wurde dann ein eingetragener Verein gegründet und die Kooperation zwischen unseren Einrichtungen konnte vertieft werden. Es geht dabei vor allem darum, Hochschul- und Forschungseinrichtungen zu unterstützen, die keine oder nur geringe Messeerfahrung haben. Es geht aber auch darum Messen als Plattform des wissenschaftlichen Know-how-Transfers und als Innovationstreiber zu stärken. Im Jahre 2017 haben AUMA und MAK das AUMA FachForum „Messen als Innovationsplattform – Science to Business" in der Technischen Universität Berlin durchgeführt. Hier wurde unter anderem den konkreten Fragen nachgegangen, wie Kontakte zwischen Forschungseinrichtungen und Unternehmen auf Messen intensiviert werden können und welche Rolle dabei die Messeveranstalter spielen können. Messen sind nun mal Plattformen für Innovationen und bieten für Besucher und Aussteller im jeweiligen Innovationsprozess hervorragende Möglichkeiten, sich gegenseitig zu unterstützen. So können Hochschuleinrichtungen, die Produkte und Verfahren noch nicht bis zur Produktionsreife präsentieren können, die Möglichkeit nutzen, Kooperationspartner zu finden. Fast alle internationalen Messen haben inzwischen messebegleitende Kongresse und Tagungen im Programm. Hier sind es oftmals die Hochschuleinrichtungen, die als Innovationstreiber der Branche mit Fachvorträgen und Beispielen für Know-how-Transfer aufwarten. Insofern gehören Messen und Wissenschaft zusammen, solange Messen Innovationsprozesse abbilden wollen. Und dies ist immerhin das Zukunftsargument im Zeitalter der Digitalisierung, Menschen, die an der Entwicklung von Produkten und Verfahren beteiligt sind, direkt zusammen zu bringen.

Der AUMA wünscht allen Leserinnen und Lesern eine erfolgreiche Vorbereitung und Durchführung der Messebeteiligungen und vor allem eine erfolgreiche Berechnung des Nutzens, der von einer Messebeteiligung immer ausgehen muss, denn schließlich investiert man nicht nur Zeit, sondern auch Geld in das Kommunikationsinstrument.

Der AUMA steht mit seinem Institut der deutschen Messewirtschaft und der Deutschen Messebibliothek allen interessierten Hochschulvertretern gerne für Beratung zur Verfügung.

Recherchieren Sie in unserer Online-Bibliothek, werden Sie fündig zu weiteren Informationen zu einer erfolgreichen Messebeteiligung, wenn Wissenschaft und Messen zusammenkommen.

Dr. Peter Neven
Hauptgeschäftsführer des AUMA
Ausstellungs- und Messe-Ausschuss der
Deutschen Wirtschaft e. V. Berlin

Inhaltsverzeichnis

Aus der Wissenschaft in die Gesellschaft 1

Über Jahrhunderte verfügten Universitäten, Seminare und Akademien über ein didaktisches und forschendes Eigenleben in direkter Abgrenzung zu Wirtschaft und Politik. Der Wissenstransfer erfolgte unter den Lehrenden und von den Lehrenden an die Lernenden. Die klassischen Vermittlungsformen waren das Seminar im Hörsaal und die Praktika im Labor sowie zeitlich limitierte Treffen zum Wissensaustausch in Form von Kongressen, Konferenzen und Tagungen.[1]

Dieses Modell einer in sich abgeschlossenen wissenschaftlichen Gemeinschaft wurde aber spätestens mit dem Siegeszug der modernen Wissens- und Dienstleistungsgesellschaft obsolet. Damit einhergehend mussten sich Hochschulen und wissenschaftliche Einrichtungen immer umfassender zusätzlichen gesellschaftlichen Aufgaben stellen, die in der Gegenwart weit über den klassischen Technologie- und Bildungstransfer hinausgehen. Die Öffnung der Universitäten für breitere Bevölkerungsschichten, die Gründung von Fachhochschulen als wirtschaftsfördernde Maßnahmen und der Auf- und Ausbau wissenschaftlicher Großeinrichtungen und Verbünde waren die sichtbaren Zeichen einer grundlegenden Modernisierung des Wissenschaftssystems bis weit in die 1990iger Jahre. Der steigende gesellschaftliche Wert der Wissensgenerierung und des Wissenstransfers fanden durch diese bildungspolitischen Maßnahmen ihren sichtbaren Ausdruck. Heute sind Hochschulen weit mehr als reine Forschungs- und Lehranstalten. Sie sind im Zuge des Umbaus des Wissenschaftssystems zu

---

[1]Teile des Buches wurden vorab veröffentlicht in: Thorsten Knoll: „Events in der Wissenschaft". In: Merten/Knoll (Hrsg): Handbuch Wissenschaftsmarketing. Konzepte, Instrumente, Praxisbeispiele. Wiesbaden: Springer 2019 und Thorsten Knoll: „Messen und Ausstellungen". In: Michaela Kirchner (Hrsg): Events in der Wissenschaft. Berlin: Innokomm Verlag 2013.

© Springer Fachmedien Wiesbaden GmbH, ein Teil von Springer Nature 2019
T. Knoll, *Wissenschaft auf Messen präsentieren*, essentials,
https://doi.org/10.1007/978-3-658-26808-4_1

gesellschaftspolitisch relevanten Institutionen geworden; eine Veränderung, die auch für die Wissenschaftskommunikation und das Wissenschaftsmanagement im gesellschaftlichen Anspruch an die Forschungseinrichtungen drastische Veränderungen mit sich bringt.

In Deutschland werden die bildungspolitischen Aufgaben der Hochschulen im Hochschulrahmengesetz (HRG) mit der „Pflege und Entwicklung der Wissenschaften" nur vage definiert. Hochschulen sollen demnach in erster Linie der Erweiterung und der Vermittlung von Wissen und wissenschaftlichen Methoden dienen. In Wirklichkeit gehen Lehre und Forschung inzwischen aber weit über diesen eng gefassten Rahmen reiner Forschungs- und Lehrtätigkeit hinaus. Zunehmend wird es wichtiger, innovative Forschungsleistungen in die Wirtschaft oder in gesellschaftliche Debatten hinein zu tragen. Aber auch die Gesellschaft ihrerseits hat Einfluss auf Ziele und Ausrichtungen bei Forschung und Lehre. Es kommt somit zwangsläufig zu einer engmaschigen Verzahnung und einem wechselseitigen Austausch zwischen Hochschule und Gesellschaft bzw. einzelnen gesellschaftlichen Gruppierungen. Durch die zahlreich entstandenen Austauschprozesse lassen sich einzelne Aufgabenbereiche häufig nur noch schwer voneinander trennen. Es handelt sich in weiten Teilen eben nicht mehr um vollständig voneinander unabhängige Aufgaben, sondern um durchgängig verschränkte Dienstleistungsbereiche (Abb. 1.1).

Im Zuge einer sich fortwährend verändernden Gesellschaft, die zukünftig durch einen tiefgreifenden demografischen Wandel geprägt sein wird, werden sich die gesellschaftlichen Ansprüche an Hochschulen und Wissenschaftliche

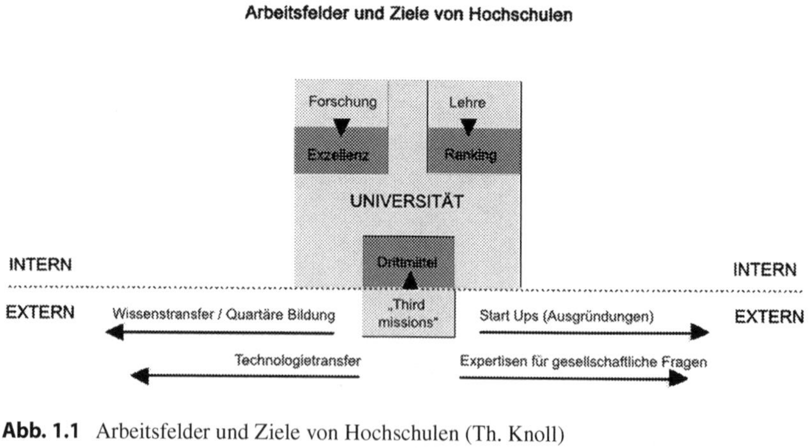

Abb. 1.1 Arbeitsfelder und Ziele von Hochschulen (Th. Knoll)

Einrichtungen weiterentwickeln müssen. Vor allem die Universitäten und Hochschulen sind gefordert, in steigendem Maße weitere gesellschaftlich relevante Aufgaben jenseits von Forschung und Lehre wahrzunehmen, die mit dem Begriff „Third Mission" umschrieben werden können. Waren Art und Umfang sowie die Umsetzung der gesellschaftlich orientierten Aktivitäten lange Zeit nicht verbindlich definiert, wird mit dem Begriff der Third Mission versucht, die Tätigkeiten, Aufgaben und Leistungen, die die Hochschulen neben der reinen Lehre und Forschung in unterschiedlich starkem Maße durchführen, erstmals zu benennen und als solche auch anzuerkennen.

Neben dem festgelegten Aufgabenkanon von Forschung, Lehre, Studium und Weiterbildung sollen die Hochschulen dementsprechend gezielt Studierende sozial fördern, einen aktiven Bildungs- und Forschungsaustausch mit nationalen und internationalen Kooperationspartnern betreiben und einen umfassenden Wissens- und Technologietransfer befördern. Darüber hinaus sollen sie die breite Öffentlichkeit über den Sinn und den Nutzen ihrer Forschungsthemen informieren. Alles Aufgaben, die weit über die reine Lehre und Forschung hinausgehen: eine echte dritte Mission.

Die Third Mission sollte als ein vielschichtiger Ansatz gesehen werden, der kulturelle, soziale, politische und insbesondere wirtschaftliche Aspekte im Handeln der Hochschulen berücksichtigt. Es handelt sich letztendlich um einen Sammelbegriff für alle gesellschaftsbezogenen Hochschulaktivitäten, in denen die Beachtung gesellschaftspolitischer Trends und Bedürfnisse zum Ausdruck kommt. Es werden damit im Rahmen der Third Mission die Ansprüche reflektiert, die in der zukünftigen Ausgestaltung moderner Wissensgesellschaften eine wichtige Rolle spielen werden. Zu der Herausforderung an das Wissenschaftssystem durch steigende Studierendenzahlen bei nicht entsprechend steigenden finanziellen Möglichkeiten der öffentlichen Haushalte kommt somit noch die Erweiterung des Aufgabenkanons im Rahmen der Third Mission hinzu.

Technologie- und Wissenstransfer als gesellschaftliche Aufgabe

Die gesellschaftsbezogenen Hochschulaktivitäten sind in weiten Teilen eng mit den Kernaufgaben Lehre und Forschung vermischt, wie z. B. im Rahmen von Forschungsprojekten, die in Kooperation mit Unternehmen durchgeführt werden. Als klassische Drittmittelprojekte spiegeln sie die Überschneidungen von Third Mission und angewandter Forschung deutlich wider. Neben dem Technologietransfer gehört aber auch der Transfer akademischen Wissens durch Absolventen in die Gesellschaft zu diesen Überschneidungsbereichen. Durch die Verknüpfung von Wissenschaft (Ausbildung, Forschung und Entwicklung) und Wirtschaft werden Hochschulen in Zukunft neben ihrem Beitrag zur Schaffung von Arbeitsplätzen und Wachstum insbesondere den digitalen Umbau des Industriestandortes Deutschland begleiten. Dabei bilden der direkte Austausch von Erkenntnissen sowie die wechselseitige Interaktion den Kern forschungsorientierter Kooperationen mit allen relevanten Gruppen aus dem Wirtschaftsleben. Je nach Aufgabe können dies neben Unternehmen auch Verbände, Stiftungen, Vereine oder Ministerien sowie Wirtschaftsfördergesellschaften sein.

Die stärkere Ausrichtung des deutschen Wissenschaftssystems an gesellschaftlichen Frage- und Themenstellungen führt zu einem – politisch gewünschten – Ausbau der wirtschaftlichen Verflechtungen zwischen Wissenschaft und Wirtschaft. Seit Jahren bedienen sich Hochschulen und Wissenschaftliche Einrichtungen sehr erfolgreich unterschiedlicher Marketinginstrumente, um diese steigenden Anforderungen über Forschung und Lehre hinaus erfolgreich bestreiten zu können. Der klassische Technologietransfer ist deutlich professioneller geworden und neben Meetings und Matches nehmen insbesondere Messebeteiligungen in einem steigenden Maße eine bedeutende Schlüsselfunktion ein. Das Messewesen ist damit für viele Einrichtungen aus dem Wissenschaftssystem ein nicht mehr wegzudenkendes Marketinginstrument geworden.

© Springer Fachmedien Wiesbaden GmbH, ein Teil von Springer Nature 2019
T. Knoll, *Wissenschaft auf Messen präsentieren*, essentials,
https://doi.org/10.1007/978-3-658-26808-4_2

Ein moderner Technologie- und Wissenstransfer parallel zu den Lehr- und Forschungsaufgaben erfordert eine zunehmende Bereitschaft, an den Hochschulen Transferveranstaltungen und Messebeteiligungen zu planen und durchzuführen (Abb. 2.1). Damit verbunden ist der Auf- und Ausbau moderner Verwaltungsstrukturen, die ein diversifiziertes Veranstaltungsmanagement für die breite Palette von Veranstaltungs- und Kommunikationsanforderungen leisten können. Der Aufbau neuer serviceorientierter Strukturen ist an vielen Hochschulen bislang leider noch nicht abgeschlossen und wird daher im Rahmen eines integrativen Wissenschaftsmarketings auf unbestimmte Zeit ein wichtiges Thema bleiben.

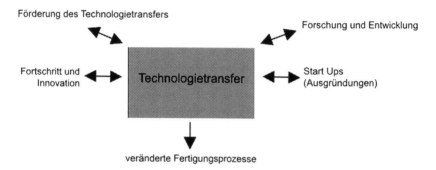

Abb. 2.1 Technologietransfer von Hochschulen und Wissenschaftichen Einrichtungen (Th. Knoll)

Marktplatz Messe

Messen und Ausstellungen sind zeitlich begrenzte, wiederkehrende Veranstaltungen, von der Regionalausstellung bis zum internationalen Mega-Event, die den Ausstellern und Besuchern einen attraktiven Marktplatz für innovative Produkte, Dienstleistungen und Systemlösungen bieten. Messen generieren eine Vielzahl an Kontakten in einer verkaufsfördernden Atmosphäre. Sie ermöglichen eine zielgruppenaffine Imagebildung auf allen Stufen der Wertschöpfungsketten industrieller Produktion und Dienstleistungen. Als ideale Wegbegleiter für eine kontinuierliche Marktentwicklung sind Messen zudem höchst wirksame Konjunkturbarometer.

Als internationale Handelsforen fördern sie den globalen Austausch von innovativen Ideen und Produkten eines immer enger vernetzten weltweiten Handels und öffnen damit nicht selten Türen zu neuen Märkten. Die Deutschen sind Messe-Weltmeister. In keinem anderen Land gibt es mehr Messen und Ausstellungen als in Deutschland und in keinem anderen Land genießen Messen ein so hohes Ansehen als verkaufsfördernde Veranstaltungen wie bei den bundesdeutschen Unternehmen.

3.1 Messen in Deutschland

Rund zwei Drittel der international führenden Messen fast aller Branchen finden in Deutschland statt. Das waren in den Jahren 2013 bis 2017 zwischen 139 und 186 internationale Messen und Ausstellungen (Abb. 3.1). Fast 170.000 Aussteller, davon über 50 % aus dem Ausland und nahezu 10 Mio. Besucher aus dem In- und Ausland belegen deutlich die weltweite Attraktivität deutscher Messen. Hinzu kommt ein dichtes Netz regionaler Fach- und Verbraucherausstellungen, die eine

© Springer Fachmedien Wiesbaden GmbH, ein Teil von Springer Nature 2019
T. Knoll, *Wissenschaft auf Messen präsentieren*, essentials,
https://doi.org/10.1007/978-3-658-26808-4_3

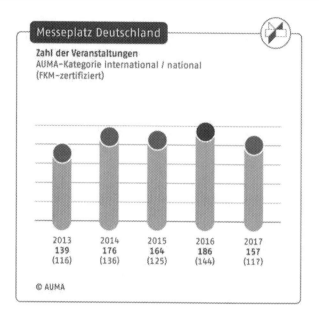

Abb. 3.1 Zahl der Messeveranstaltungen in Deutschland 2013–2017 (AUMA)

wichtige wirtschaftliche Ergänzung zu den internationalen Messen bilden. Auf den 154 regionalen Messen im Jahr 2017 konnten über 53.000 Aussteller und über 5,8 Mio. Besucher gezählt werden. Messen und Ausstellungen in Deutschland bieten damit eine Plattform für deutlich über 200.000 Aussteller sowie 15 bis 16 Mio. Besucher pro Jahr.

Daneben finden auf den Messegeländen jährlich über 10.000 Kongresse und Tagungen im Business-to-Business-Bereich mit rund 2,5 Mio. Besuchern statt. Diese Zahlen belegen die zunehmende Verknüpfung von Messe- und Kongressaktivitäten, die seit Jahren zu beobachten ist. Laut AUMA-Bericht gaben Aussteller und Besucher für ihr Messeengagement in Deutschland in den Jahren 2014 bis 2017 durchschnittlich 14,5 Mrd. EUR aus. Die gesamtwirtschaftlichen Produktionseffekte erreichten in diesen Jahren durchschnittlich 28 Mrd. EUR (Abb. 3.2).

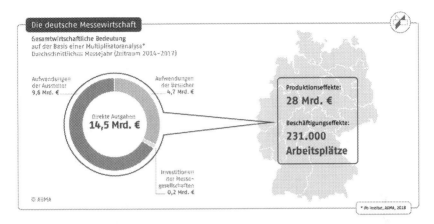

Abb. 3.2 Die gesamtwirtschaftliche Bedeutung von Messen und Ausstellungen in Deutschland (AUMA)

3.2 Grundlagen für den Erfolg der deutschen Messen

Der Erfolg für „Messen made in Germany" beruht auf unterschiedlichen Faktoren. Deutsche Messen befinden sich im Zentrum Europas und mit rund 500 Mio. Verbrauchern ist der europäische Binnenmarkt eine der nachfragestärksten Regionen der Welt. Aufgrund der vergleichsweise hervorragenden Verkehrsinfrastruktur sind alle deutschen Messestädte sehr gut erreichbar. Dies gilt für den Auto-, Eisenbahn- oder Flugverkehr gleichermaßen und begünstigt dementsprechend die hohe Internationalität von Besuchern und Ausstellern aus weiter entfernten Ländern. Über die Hälfte der Aussteller kommt aus dem Ausland und davon wiederum ein Drittel aus Ländern außerhalb Europas, insbesondere aus Amerika und Asien. Von den Besuchern reist rund ein Viertel aus dem Ausland an.

Die Messen in Deutschland spiegeln die hohe Wirtschaftskraft der Export-Nation Deutschland wider. Sie sind an den langfristigen Bedürfnissen der Wirtschaft orientiert und repräsentieren somit die wirtschaftliche Bedeutung und Innovationskraft der jeweiligen Branchen. Um eine hohe Akzeptanz zwischen Ausstellern und Besuchern erzeugen zu können, arbeiten die deutschen Messegesellschaften eng mit den Ausstellern (insbesondere mit den branchenspezifischen Verbänden) und mit den Besuchern (durch Befragungen vor, während und nach den Messen) zusammen. Hinzu kommt die hohe Professionalität der deutschen Messeveranstalter, die teilweise über 20 weltweit führende Messen pro Jahr veranstalten. Besonderen Wert legen die Veranstalter dabei auf die Unterstützung ihrer Aussteller z. B. bei Reise- und Hotelbuchungen, Pressearbeit und Marketing-Aktionen.

Die deutschen Messen haben im internationalen Vergleich ein moderates Standmieten-Niveau und relativ günstige Preise pro Besucher-Kontakt, da sie als kommunale und/oder landeseigene Betriebe neben betriebswirtschaftlichen auch volkswirtschaftliche Funktionen für die jeweilige Region erfüllen sollen. Damit die Messegelände architektonisch, logistisch, umweltkonform und technisch immer den aktuellen Anforderungen von Ausstellern und Besuchern entsprechen, investieren die deutschen Messeveranstalter zudem jährlich bis zu 300 Mio. EUR in die Instandhaltung und den Ausbau ihrer Gelände.

Für Hochschulen und Wissenschaftliche Einrichtungen halten viele Messeveranstalter spezielle Angebote bereit. Dabei handelt es sich überwiegend um Sonderschauen zu den Themenbereichen Forschung und Entwicklung, die vielfach in der Messekommunikation herausgehoben beworben werden. Oftmals sind Fachforen und seltener auch begleitende Kongresse mit den Sonderflächen thematisch verbunden. Die Teilnahme an diesen Sonderschauen geht meist mit einem deutlichen Preisrabatt für Aussteller aus Hochschulen und Forschungseinrichtungen einher.

Gründe für die Spitzenposition Deutschlands im Messewesen liegen somit

- in der geopolitischen Lage Deutschlands und der hohen Qualität der Infrastruktur,
- in langfristigen, mit der Wirtschaft abgestimmten Konzepten,
- in der herausragenden Professionalität der Veranstalter,
- im global orientierten Aussteller- und Besuchermarketing und dem daraus folgenden großen Anteil internationaler Aussteller- und Besuchergruppen,
- im führenden Standard bei Technik und Service,
- in der hohen Funktionalität und dem attraktiven Ambiente der Messegelände

begründet.

3.3   Messe- und Ausstellungstypologie

Parallel zur wirtschaftlichen Entwicklung haben sich Messen immer weiter ausdifferenziert, sodass es heute eine Vielzahl von unterschiedlichen Messetypen und Branchenmessen gibt.

Messetypologie nach dem Einzugsgebiet:

- Internationale Messen/Ausstellungen
- Überregionale Messen/Ausstellungen
- Regionale Messen/Ausstellungen

Internationale Messen sind Veranstaltungen, die regelmäßig mindestens 10 % ausländische Aussteller und mindestens 5 % ausländische Fachbesucher aufweisen und die das wesentliche Angebot eines oder mehrerer Wirtschaftszweige präsentieren. Überregionale Messen sind Veranstaltungen, bei denen das Einzugsgebiet der Besucher deutlich über den jeweiligen regionalen Bereich hinausgeht. Regionale Messen sind Veranstaltungen mit überwiegend regionalem Einzugsgebiet der Besucher.

Messetypologie nach Branchenspektrum:

- Mehrbranchenmessen
- Fachmessen/Fachausstellungen
- Spezialmessen
- Kongressausstellungen
- Verbraucherausstellungen

Universal- oder Mehrbranchenmessen sind Messen, auf denen Produkte oder Dienstleistungen verschiedener Branchen unter einer Dachmarke gezeigt werden. Demgegenüber sind Fachmessen und Spezialmessen singuläre Veranstaltungen, die sich auf eine Branche oder ein Produktspektrum konzentrieren. Diese B-to-B oder B2B (Business to Business) -Messen fokussieren sich auf Fachbesucher, insbesondere auf Entwickler, Einkäufer oder Personen aus der Geschäftsführung.

Die großen und meist bekannteren Verbraucher- oder Publikumsmessen sprechen überwiegend den Endverbraucher an. Die B-to-C oder B2C (Business to Customer) -Messen sind dementsprechend größtenteils Konsumgütermessen.

Kongressausstellungen sind begleitende Industrie- und Buchausstellungen nationaler oder internationaler Kongresse und Tagungen, auf denen sich Unternehmen den Kongressteilnehmern präsentieren. Die Branchen und Themengebiete der Ausstellung werden inhaltlich durch den Kongress vorgegeben. Entscheidend für die Aussteller ist die werbliche und informatorische Attraktivität der Exponate für die Kongressteilnehmer.

3.4   Messeveranstalter

Messen und Ausstellungen werden in Deutschland in der Regel von Ver-
anstaltungsgesellschaften durchgeführt, die dieses als Hauptunternehmens-
zweck betreiben. Sie sind finanziell und juristisch unabhängig von Unternehmen
und Verbänden der ausstellenden Wirtschaft und besitzen in der Regel auch das
Messegelände, auf dem sie ihre Veranstaltungen durchführen. Ungeachtet der
Eigentumsverhältnisse – im Regelfall halten die Kommunen und Länder einen
Anteil zwischen 50 und 100 % – haben die deutschen Messegesellschaften
privatrechtliche Organisationsformen, meist als GmbH, seltener als AG. Die größeren Messegesellschaften haben Tochtergesellschaften gegründet, die eigene
Veranstaltungen im Ausland durchführen. Zudem vermieten die Messegesell-
schaften im Regelfall ihre Gelände auch an Gastveranstalter.

Deutschland ist der international führende Standort für Messen und Ausstellungen. Sechs der zehn umsatzmäßig größten Messegesellschaften der Welt
stammen aus Deutschland. Alle deutschen Messegesellschaften zusammen
erzielten im Rekordjahr 2016 einen Umsatz in Höhe von 3,9 Mrd. EUR. Damit
gehört die deutsche Messewirtschaft – auch im internationalen Vergleich – zu den
führenden Dienstleistungsbranchen (Abb. 3.3).

Auch die durch die Messegesellschaften angebotenen Flächen gehören grö-
ßentechnisch im internationalen Vergleich zu den besonderen Merkmalen der
Messewirtschaft in Deutschland. In anderen wichtigen Messeländern wie Italien,
Großbritannien, Frankreich, China oder in den USA gibt es nur wenige Unternehmen, die diesbezüglich die Dimensionen der größten deutschen Messegesellschaften erreichen (Abb. 3.4).

Von den zehn größten Messegeländen der Welt liegen vier in Deutschland. Weltweit gibt es 59 Messeplätze mit mindestens 100.000 m² Hallenfläche,
davon 23 außerhalb Europas, davon wiederum elf in China. Von den 36 europäischen Geländen befinden sich 30 in Westeuropa und sechs in Mittel- und Ost-
europa. Allein zehn Messegesellschaften in Deutschland verfügen über mehr
als 100.000 m² Hallenkapazität, sechs weitere über mehr als 50.000 m² Hallenfläche. Die kleineren planen langfristig, ihre Hallenkapazitäten auszubauen.
Unter Milliardenaufwand werden komplett neue Hallen mit modernster Technologie gebaut, um dem wachsenden Anspruch der Aussteller zu genügen und im
Vergleich mit anderen Messeplätzen inner- und außerhalb Deutschlands auch in
Zukunft bestehen zu können.

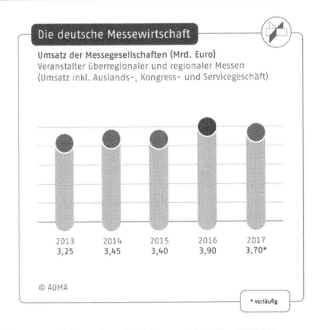

Abb. 3.3 Umsatzentwicklung deutscher Messegesellschaften (AUMA)

Messeplatz Deutschland 2018

Ausstellungskapazitäten*
brutto in m²

Stadt	Halle	Freigelände	Stadt	Halle	Freigelände
Hannover	463.165	58.000	Dortmund	59.735	
Frankfurt/M	366.637	59.506	Augsburg	58.000	10.000
Köln	284.000	100.000	Karlsruhe	52.000	62.000
Düsseldorf	248.580	43.000	Bremen	39.000	100.000
München Messe	200.000	414.000	Erfurt	25.070	21.600
Berlin ExpoCenter City	170.000	157.000	Offenburg	22.570	37.877
Nürnberg	170.000	50.000	Freiburg	21.500	81.000
Stuttgart	119.800	40.000	Offenbach	20.100	
Leipzig	111.300	70.000	Berlin ExpoCenter Airport	20.000	57.000
Essen	110.000	20.000	Chemnitz Messe	11.000	8.000
Friedrichshafen	87.500	35.500	Idar-Oberstein	6.000	1.000
Hamburg	86.465	10.000	Husum	5.500	50.500
Bad Salzuflen	78.000				

© AUMA

* Messegelände mit mindestens einer Veranstaltung der AUMA-Kategorien international oder national (Stand: 1.1.2018)

Abb. 3.4 Ausstellungskapazitäten deutscher Messegesellschaften (AUMA)

3.5   Einordnung von Messen nach Relevanz

Die Relevanz einer Messeveranstaltung für Hochschulen oder Forschungseinrichtungen ergibt sich letztendlich immer durch die vorab definierten Ziele, die
mit einer Teilnahme erreicht werden sollen. Für viele Hochschulen, die mit Unternehmen einer Region einen breitgefächerten Wissens- und Technologietransfer
pflegen, sind regionale Messen mit einem hochschulkonformen Branchenfokus
von sehr hoher Bedeutung. Demgegenüber bilden für forschungsstarke Universitäten und Wissenschaftliche Einrichtungen oftmals internationale Leitmessen
die geeignete Plattform, um nationale oder internationale Kooperationspartner aus
der Wirtschaft für größere Drittmittelprojekte zu gewinnen.

Der Messetypologie entsprechend dem Branchenspektrum folgend ist die
Teilnahme an Fachmessen (Investitionsgüter) und Kongressausstellungen sehr
empfehlenswert, wenn die branchenthematischen Inhalte der Messe mit dem
Fächerkanon der Hochschule oder den Forschungsbereichen einer Wissenschaftlichen Einrichtung weitgehend deckungsgleich sind. Von der Teilnahme
an Verbraucherausstellungen ist hingegen eher abzuraten, da weder die Aus-
stellungsinhalte (Konsumgüter) noch die Besucher (fehlende Fachbesucher
aus Wissenschaft und Industrie) den erfolgreichen Abschluss von Projekt-
kooperationen wahrscheinlich erscheinen lassen. Eine Teilnahme an Verbraucherausstellungen ist dann sinnvoll, wenn es um die gesellschaftsrelevante
Information zu Ausstellungsthemen der Messe geht, z. B. Lebensmittelqualität im
Rahmen der Grünen Woche in Berlin oder ganz allgemein um die Positionierung
einer Hochschule oder eines Forschungsinstitutes in der breiten Öffentlichkeit.

Funktionen von Messen 4

Messen erfüllen neben ihren betriebswirtschaftlichen Funktionen im Marketing eine Reihe von volkswirtschaftlichen und gesellschaftlichen Funktionen. Die breite Palette unterschiedlicher Funktionen kommt den Hochschulen und Forschungseinrichtungen in ihren unterschiedlichen gesellschaftlichen Aufgabenstellungen im Sinne einer Third Mission weit über einen reinen Wissens- und Technologietransfer entgegen.

4.1 Betriebswirtschaftliche Funktionen

Messen haben von allen Marketinginstrumenten das weitreichendste Funktionsspektrum. Sie ermöglichen als große Netzwerkveranstaltungen den Aufbau sowie die Fortführung von Kontakten in Wirtschaft und Politik sowie weitere gesellschaftliche Gruppen. Messen sind ideale Testmärkte für Innovationen, Forschungsergebnisse und Produkt- und Systemlösungen. Sie erhöhen den Bekanntheitsgrad der ausstellenden Hochschule oder Wissenschaftlichen Einrichtung und helfen einen Überblick über unterschiedliche Wettbewerbssituationen zu erhalten. Insbesondere für Start-ups ist die Möglichkeit, sich einen Überblick über die Konkurrenz, deren Auftreten und deren Produkte zu verschaffen besonders wichtig. Dafür reicht in einem frühen Stadium der Markterschließung oft ein einziger Messebesuch aus.

Funktionen für Hochschulen und Wissenschaftliche Einrichtungen:

- Aufbau und Pflege von Kooperationen,
- Suche nach Partnern und Personal,
- Marktpositionierung der Hochschule oder Wissenschaftlichen Einrichtung,

© Springer Fachmedien Wiesbaden GmbH, ein Teil von Springer Nature 2019
T. Knoll, *Wissenschaft auf Messen präsentieren,* essentials,
https://doi.org/10.1007/978-3-658-26808-4_4

- Analyse von Markt- und Wettbewerbssituationen,
- Testmarkt für Innovationen,
- Erhöhung des Bekanntheitsgrades in spezifischen Branchen.

4.2   Volkswirtschaftliche Funktionen

Messen nutzen nicht nur den direkt beteiligten Akteuren (Messeveranstalter, Aussteller und Besucher), sondern auch der regionalen Wirtschaft im Einzugsgebiet der jeweiligen Messegesellschaft. Im Umfeld der Messe profitieren regional zunächst die Hotellerie und Gastronomie, die Verkehrsunternehmen sowie regional und überregional Messe-Dienstleister wie Messe-Standbau und Logistikunternehmen, Cateringfirmen, Dolmetscher- und Hostessendienste. Die regionalwirtschaftlichen Effekte betragen bei stark international ausgerichteten Messeplätzen das Fünf- bis Siebenfache des dort erzielten Veranstalterumsatzes. In einem erheblichen Umfang sichern Messen somit Arbeitsplätze in mittelständischen Unternehmen weit über regionale Grenzen hinaus. Zudem werden substanzielle zusätzliche Steuereinnahmen für Kommunen, Land und Bund generiert. In einem durchschnittlichen Messejahr werden über 4 Mrd. EUR Steuern erwirtschaftet. Als ein wichtiger Wirtschaftszweig fördern Messen somit heimische Unternehmen und stärken gleichzeitig die Gesamtwirtschaft.

Volkswirtschaftliche Sekundärwirkung von Messen:

- Stärkung der regionalen Wirtschaft im Einzugsgebiet der Messestadt,
  - – Hotellerie und Gastronomie/Catering,
  - – Verkehrsunternehmen,
  - – Messe-Dienstleistungen für Veranstalter und Aussteller,
  - – Messebau und -logistik,
  - – Hostessendienste,
- Regionale Schaffung und Sicherung von Arbeitsplätzen,
- Erhaltung und zusätzliche Ansiedlung von Unternehmen.

4.3   Gesellschaftliche Funktionen

Als Umschlagplätze des Wissens haben Messen eine besondere gesellschaftliche Funktion, die durch die Beteiligung von Hochschulen und Wissenschaftlichen Einrichtungen eine exzellente Ergänzung erfahren. Der Transfer von Wissen impliziert eine entwicklungsorientierte Weitergabe von Kontext platzierter

Information. In unserer heutigen wissensbasierten Gesellschaft sind Forschung und Entwicklung zu entscheidenden Ressourcen moderner Industrien geworden. Die zielgerichtete Auswahl und Filterung von Informationen stehen am Anfang von Wertschöpfungsketten, die als Garanten volkswirtschaftlicher Leistungsfähigkeit angesehen werden können. Wichtige Impulse innerhalb der Informationsweitergabe werden immer häufiger durch messebegleitende Kongresse in Form einer zielgruppengerechten Wissensvermittlung erzeugt (Abb. 4.1). *Messen als Technologie- und Wissens-Umschlagplätze sind*

- die effektivste Möglichkeit für kontextplatzierte Information
  - für Produkte,
  - für Systemlösungen,
  - für anwendungsorientierte Forschung & Entwicklung,
- Informationsbörse mit Zugriff auf entscheidende Ressourcen wissensbasierter Gesellschaften,
- Konjunkturbarometer für die Prognose wirtschaftlicher Entwicklungen,
- internationale Innovationsbörsen für Start-ups, Forschung und Entwicklung.

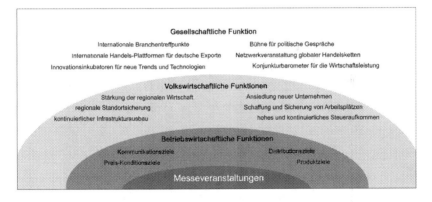

Abb. 4.1 Funktionen von Messen (Th. Knoll)

Messen als Instrumente des Wissenschaftsmarketings

Die Arbeitsziele und -methoden der deutschen Hochschulen haben sich in den letzten Jahrzehnten drastisch verändert. Die Umstellung auf Bachelor- und Masterstudiengänge einhergehend mit den Exzellenzinitiativen der letzten Jahre haben grundlegende Reformprozesse für die Lehre und Forschung an deutschen Hochschulen mit sich gebracht. Parallel dazu ist die ausreichende Finanzierung der Hochschulen immer schwieriger geworden, sodass die Einwerbung von Drittmitteln für viele Hochschulen eine existenzielle Bedeutung erhalten hat. Es konnte dabei nicht ausbleiben, dass einerseits die Verflechtungen zwischen Wissenschaft und Wirtschaft enger wurden und anderseits die Hochschulen untereinander stärker in Konkurrenz zueinander traten.

In Zukunft werden Hochschulen immer stärker klassische Marketinginstrumente verwenden, um die zentralen Aufgaben von Forschung und Lehre auch weiterhin erfolgreich bestreiten zu können. Die erweiterten wettbewerblichen Strukturen erfordern dabei neue Vorgehensweisen: vom Werben um geeignete Studierende über die Einstellung fähiger wissenschaftlicher Mitarbeiterinnen und Mitarbeiter und exzellenter Professorinnen und Professoren bis hin zur Modernisierung der Verwaltung und dem Erschließen neuer Geldquellen mittels Drittmittelprojekten und Kooperationen mit Unternehmen reicht die Palette an Herausforderungen für die Zukunft.

Dieses gilt in ähnlicher Weise auch für Großforschungseinrichtungen, die mittlerweile vielfach in die Fraunhofer-Gesellschaft, die Helmholtz-Gemeinschaft, die Max-Planck-Gesellschaft oder die Leibniz Gemeinschaft eingegliedert worden sind. Denn auch die Forschungseinrichtungen müssen zunehmend parallel zu den staatlichen Grundfinanzierungen ihrer Institute weitere finanzielle Mittel durch industrienahe Forschung und Dienstleistungen einwerben.

© Springer Fachmedien Wiesbaden GmbH, ein Teil von Springer Nature 2019   19
T. Knoll, *Wissenschaft auf Messen präsentieren,* essentials,
https://doi.org/10.1007/978-3-658-26808-4_5

Messebeteiligungen der Hochschulen und wissenschaftlichen Einrichtungen als Instrument zur Akquisition industrienaher Forschungsprojekte und damit verbundener Drittmitteleinnahmen werden im Technologietransfer zum integralen Bestandteil des Wissenschaftsmarketings. Dieses gilt nicht nur für technisch-naturwissenschaftlich ausgerichtete Forschungseinrichtungen und Hochschulen oder Zusammenschlüsse wie die TU 9 für die neun führenden Technischen Universitäten Deutschlands. Die Messebeteiligungen umfassen dabei die Bereiche interner Leistungen (Lehre, Grundlagenforschung, anwendungsnahe Forschung und Entwicklung, Weiterbildung, Standortmarketing einer Region) ebenso wie die der Beschaffungsleistungen (Etatmittel, Drittmittel, Sachmittel, Wissenschaftler, sonstiges Personal und Studenten).

5.1   Bedeutung von Messen im Marketing-Mix

Im Rahmen der mittelfristigen Unternehmensplanung gilt es, die festgelegten Unternehmensziele als Ausgang für ein Konzept zur zielorientierten Messebeteiligung im Marketing-Mix zu definieren. Konsequent werden aus den einzelnen Marketingzielen die zu verfolgenden Messeziele abgeleitet (Abb. 5.1).

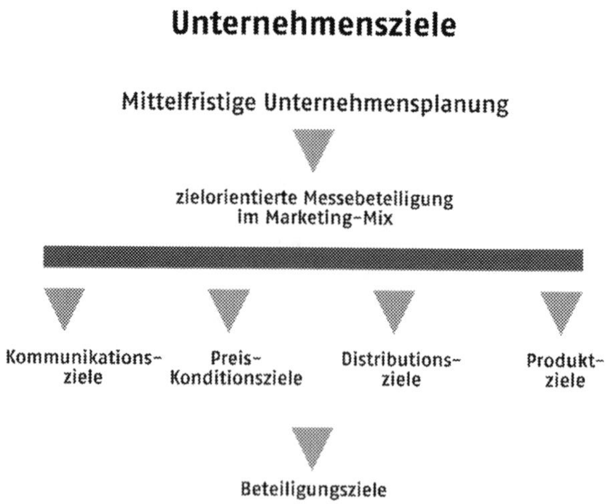

Unternehmensziele

Mittelfristige Unternehmensplanung

▼

zielorientierte Messebeteiligung
im Marketing-Mix

▼   ▼   ▼   ▼

Kommunikations-   Preis-   Distributions-   Produkt-
ziele   Konditionsziele   ziele   ziele

▼

Beteiligungsziele

Abb. 5.1   Ziele von Messebeteiligungen im Rahmen des Marketing-Mixes (AUMA)

Für Hochschulen und Wissenschaftliche Einrichtungen bietet der Marketing-Mix als Bestandteil eines ganzheitlichen Wissenschaftsmarketings ideale Voraussetzungen. Die Multifunktionalität von Messen und Ausstellungen ermöglicht ihnen im Rahmen einer Beteiligung die Verwirklichung unterschiedlichster Marketingziele von der Image- und Kontaktpflege über das Benchmarketing (Vergleichen von Forschungs- und Entwicklungsleistungen) bis hin zur Anbahnung von Forschungskooperationen mit Unternehmen. Ein Messeauftritt ist für die Wissenschaft zudem die ideale Plattform für die Präsentation von Innovationen, für Konkurrenzanalysen und Marktbeobachtungen gegenüber Unternehmen, aber auch gegenüber anderen Hochschulen und Forschungseinrichtungen. Sie bieten die Möglichkeit eines umfassenden Wissens- und Technologieaustausches und damit die Basis für Kooperationsabschlüsse und Drittmittelprojekte. In nur wenigen Messetagen können hier die Kooperationschancen für Forschungsleistungen in Form von Produktinnovationen, Dienstleistungen und speziellen Systemlösungen getestet und evaluiert werden. Die Vorgänge des Marktes, dessen Veränderungen in Richtung und Tempo sowie aktuelle Trends werden anschaulich und erfahrbar für die weitere Entwicklungs- und Forschungsarbeit.

Die bestehende Komplexität in den einzelnen Wirtschaftsbranchen erhöht sich zunehmend durch die digitale Transformation. Ein tiefergehender Erfahrungs- und Informationsaustausch wird immer wichtiger. Für Wissenschaft und Forschung ergibt sich dadurch die Möglichkeit, sich zusätzlich zur Ausstellung in den unterschiedlichen Begleitveranstaltungen, wie zum Beispiel Fachforen, Tagungen und Kongressen zu präsentieren. Die fachliche Expertise wissenschaftlicher Mitarbeiterinnen und Mitarbeiter sowie Professorinnen und Professoren sind mehr denn je von den Messeveranstaltern gefragt.

5.2 Messeziele des Wissens- und Technologietransfers

Die Messebeteiligungen von Hochschulen und Wissenschaftlichen Einrichtungen können unterschiedliche Zielsetzungen beinhalten. Vielfach unterscheiden sie sich in ihrer Priorität von Institution zu Institution. Die Teilnahme an Messen sollte nie ein Selbstzweck, ein Ereignis an sich, sondern immer ein Mittel sein, vorab definierte Marketingziele zu erreichen. Es ist durchaus vertretbar, im Einzelfall auf eine Teilnahme zu verzichten, wenn bestimmte Beteiligungsziele mit der ausgewählten Messe doch nicht vereinbar sind.

5.2.1   Einwerbung von Drittmitteln

Generell ist eines der zentralen Ziele die Einwerbung von Drittmitteln durch die Darstellung bzw. die Präsentation von Forschungsleistungen als Kooperations-angebot an die Wirtschaft. Dabei ist zwischen reinen Forschungskooperationen und sogenannten F&E-Projekten zu unterscheiden. Die Forschungskooperationen sind im allgemeinen auf einen Austausch von Erfahrungen, Wissen und Know-how oder auf eine arbeitsteilige gemeinsame Entwicklungsleistung ausgerichtet. F&E-Projekte als forschungsnahe Dienstleistungen hingegen umfassen ein spezi-fisches Projekt, bei dem die Hochschule im Sinne eines Dienstleisters als Auf-tragnehmer und das Unternehmen als Auftraggeber fungiert. Im Rahmen der F&E-Projekte ist die Trennungsrechnung, d. h. die Berechnung der Leistungen entsprechend marktüblicher Preise, zwingend zu beachten.

Die Unterscheidung von Forschungskooperation und forschungsnahen Dienst-leistungen ist von bedeutender Relevanz, da bei einer gemeinschaftlichen For-schungs- und Entwicklungsarbeit im Rahmen einer Forschungskooperation mögliche Erfindungen und Schutzrechte beiden Seiten gemeinschaftlich zustehen können. Dies erfordert eine juristische Regelung im Vorfeld der Kooperation, die hinsichtlich der Übertragung von Schutzrechten und Patenten die damit ein-hergehenden Nutzungsrechte und Vergütungen vertraglich regelt. Dies bedingt bei jedem Messeauftritt die vorherige Prüfung der Schutzrechte durch die den wissenschaftlichen Einrichtungen und Hochschulen zugeordneten Patentver-wertungsgesellschaften, die je nach Bundesland zentral vom Land oder dezentral von den jeweiligen Institutionen betrieben werden.

5.2.2   Herausstellung wissenschaftlicher Leistungen

Neben der Einwerbung von Drittmitteln ist die Herausstellung einzelner wissenschaftlicher Leistungen aus Forschung und Entwicklung auf Messen zu benennen. Sonderforschungsbereiche, geförderte Verbundprojekte des Bundes-ministeriums für Bildung und Forschung oder des Bundesministeriums für Wirt-schaft und Energie sowie der Europäischen Union werden vielfach auf Messen als Innovationstreiber präsentiert. Meist handelt es sich dabei um Forschungs-leistungen, die aus der Grundlagenforschung in die Bereiche anwendungs-orientierter Forschung weiterentwickelt werden konnten. Ihre Präsentation im Rahmen von Fachmessen führt nicht selten zu einem Innovationsschub für eine ganze Reihe marktfähiger Produktserien durch Industriepartner.

5.2.3 Ideenbörse und Katalysator

Start-ups sind moderne Ideenbörsen und Katalysatoren für die Vermarktung von wissenschaftlichen Ergebnissen. Sie stehen für einen indirekten Transfer von Wissen und Technologie aus der Wissenschaft in die Wirtschaft, der seit einigen Jahren sehr erfolgreich über die Ausgründungen der Hochschulen und Wissenschaftlichen Einrichtungen erfolgt. Start-ups sind somit zu wichtigen Transformatoren einer innovativen Wissensgenerierung geworden. Die hohe gesellschaftliche Relevanz der überwiegend als Spin-offs aus den Hochschulen kommenden Start-ups wird auch durch das EXIST-Gründerstipendium des Bundesminisetrums für Wirtschaft und Energie deutlich, das seit Jahren an junge Unternehmer vergeben wird. Insbesondere aber durch das Programm „EXIST-Gründungskultur – Die Gründerhochschule" (EXIST IV), in dessen Rahmen seit 2010 zusätzlich 22 Hochschulen in ihrer Umsetzung einer ganzheitlichen, hochschulweiten Strategie zu Gründungskultur und Unternehmergeist durch das Bundesministerium für Wirtschaft und Energie gefördert wurden. Die Beteiligungen an Messen spielen eine wichtige Rolle für die Weiterentwicklung der jungen Unternehmen.

Auf Messen haben Start-ups und Spin-offs die unmittelbare Chance auf einen umfassenden Marktüberblick, eine Kundenresonanz auf ihre Produkte oder Systemlösungen und die Möglichkeit, Auge-zu-Auge auf Kunden oder Investoren zu treffen. Gleichzeitig sind sie für die Messeveranstalter ebenso wie für relevante Unternehmen am Markt als wichtige Innovationsträger attraktiv, die kreativ und ideenreich neue Erkenntnisse aus Wissenschaft und Forschung zu neuartigen Geschäftsmodellen weiterentwickeln. Immer mehr Unternehmen nutzen Messen als Anbahnungsort für Kooperationen, Beteiligungen oder eine Übernahme von Geschäftsmodellen.

5.2.4 Erzielung von Synergieeffekten

Nicht nur der Transfer von Wissenschaft in die Wirtschaft, sondern auch der Transfer von Wissenschaft in die Wissenschaft wird durch Messen begünstigt. Dem förderlich sind bei Beteiligungen von Hochschulen, aber auch Wissenschaftlicher Einrichtungen an Messen insbesondere die Beteiligung an Gemeinschaftsständen. Auf ihnen entsteht durch die räumliche Nähe zwischen den Einzelausstellern zwangsläufig eine Interaktion, die zu einem in der Umsetzung gemeinsamer Forschungsprojekte resultierenden wissenschaftlichen Austausch führen kann. Dies gilt in großem Rahmen für die in einer Reihe von Fachmessen fest definierten

F&E-Bereiche, in denen Forschung und Entwicklung schon als thematische Klammer fungiert, aber auch in eigenständigen Innovationshallen, kleineren Forschungs-Campi oder in „Innovation-Areas" benannten Hallenbereichen.

5.2.5   Studierendenmarketing

Messebeteiligungen von Hochschulen finden nicht nur auf technologie-orientierten Fachmessen statt, sondern in einem weit größeren Umfang auch auf nationalen und internationalen Bildungsmessen. Der infolge des in Deutschland immer spürbarer werdenden demografischen Wandels vieldiskutierte „War of Talents" hat zur Folge, dass nicht nur private Bildungsträger, sondern auch staatliche Hochschulen vermehrt um Studierende werben müssen. Dies hat in den letzten Jahren zu einer starken Zunahme von regionalen Bildungsmessen verschiedener Anbieter geführt, auf denen sich neben den privaten und staatlichen Hochschulen und vielen Ausbildungsbetrieben auch mehr und mehr internationale Hochschulen präsentieren.

Für viele deutsche Hochschulen werden im Umkehrschluss auch Bildungsmessen im Ausland wichtiger. Dabei spielt das GATE-Programm des DAAD eine wichtige Rolle, das weltweit für den Studienstandort Deutschland wirbt. Parallel dazu verstärken die deutschen Hochschulen ihre Internationalisierungsbemühungen, um – dem Beispiel skandinavischer und niederländischer Hochschulen folgend – zukünftig verstärkt rein englischsprachige Studiengänge anbieten zu können. Im Bemühen um eine weitergehende Internationalisierung von Studiengängen gibt es zudem weltweit ausgerichtete Netzwerkmessen für Experten von Hochschulen, Wissenschafts- und Mittlerorganisationen. Neben der Teilnahme am fachlichen Konferenzprogramm bieten sie Möglichkeiten, Kontakte zu Fachkolleginnen und -kollegen aus aller Welt zu knüpfen, aktuelle hochschulpolitische Themen zu diskutieren, neue Austauschprogramme zu initiieren und Kooperationen anzubahnen.

5.2.6   Wissenstransfer über Köpfe

Die Messeauftritte der Hochschulen und Wissenschaftlichen Einrichtungen ermöglichen besonders jungen Wissenschaftlern, Doktoranden und Postdocs, Messeerfahrungen zu sammeln und direkte persönliche Kontakte zu Unternehmen anzubahnen. Diese ersten Gespräche führen nicht selten zu einem späteren beruflichen Einstieg des betreffenden Wissenschaftlers bzw. der betreffenden

Wissenschaftlerin in das entsprechende Unternehmen. Der Wissenstransfer über Köpfe wird in Zeiten sehr guter Konjunktur – durch den demografischen Wandel einhergehend mit einem zunehmenden Fachkräftemangel – zu einer der wichtigsten volkswirtschaftlichen Aufgaben zur Sicherung des industriellen Standortes Deutschland. Um auf Fachmessen neben der Produktpräsentation auch potenzielle Mitarbeiterinnen und Mitarbeiter ansprechen zu können, fordern die Unternehmen ein stärkeres Engagement von Messeveranstaltern beim aktiven Bewerben von Messen in der Zielgruppe Studierende.

5.2.7 Standortmarketing für Hochschul- und Technologieregionen

Mit der Leistungsschau von Forschung und Entwicklung geht immer ein Standortmarketing für die jeweiligen Hochschul- und Technologieregionen einher. Wissenschaft ist ein wichtiger Standortfaktor im Konkurrenzkampf der Gemeinden und Regionen um staatliche Fördergelder und private Investitionen. Viele Regionen sind dementsprechend noch einen Schritt weitergegangen und haben ihre Wissenschaftsstandorte mit Unternehmen zu thematischen Clustern wie zum Beispiel zur Energiewirtschaft, zu Biotechnologien oder zu modernen Informations- und Kommunikationstechnologien zusammengeführt, um diese auf Fachmessen noch gezielter bewerben zu können.

5.3 Beteiligungsmöglichkeiten der Wissenschaft

Für Hochschulen und Forschungseinrichtungen gibt es mehrere Möglichkeiten sich auf Messen zu präsentieren. Eine gängige und preiswerte Beteiligungsform ist die Teilnahme an einem Gemeinschaftsstand. Dieser kann, wie zum Beispiel für die Fraunhofer Institute, von einer Dachorganisation für die Mitglieder, oder wie die meist subventionierten Ländergemeinschaftsstände, durch eine beauftragte Agentur organisiert und durchgeführt werden. Insbesondere bei den sehr großen Technologiemessen, die gegebenenfalls sogar über eigene thematisch auf Forschung und Entwicklung ausgerichtete Innovationshallen verfügen, bietet die Teilnahme an einem Gemeinschaftsstand die nötige Gewähr im Konzert der Mitbewerber wahrgenommen zu werden.

Auf kleineren Fachmessen sind Hochschulen und Forschungseinrichtungen oftmals auf sich selbst gestellt und präsentieren sich auf kleineren Einzelständen. Eine weitere meist sehr preisgünstige Möglichkeit bildet die Teilnahme an

Sonderschauen zu ausgewählten Themen (meist durch Verbände und die jeweilige Messe unterstützt) sowie die Beteiligung an den Sonderschauen des BMBF und des BMWI (insofern man mit einem vom Ministerium geförderten Projekt vertreten ist). Letztendlich ist die Auswahl der richtigen Beteiligung immer eine Frage des zur Verfügung stehenden Budgets, der Kontakte zu unterschiedlichen Netzwerken und der gewünschten Zielgruppenansprache.

5.4 Bewertung geeigneter Messen und Veranstaltungen

Obwohl einige Messeveranstalter Forschungseinrichtungen und Hochschulen Rabatte einräumen, staatliche Subventionen und regionale Förderungen möglich sind, bleibt ein Messeauftritt immer eine kostspielige Angelegenheit. Hinzu kommt, dass die mangelnde Trennschärfe einzelner Branchenmessen, die Aufspaltung von themenübergreifenden Fachmessen in kleinere Spezialmessen sowie die generell zunehmende Durchmischung von Messe- und Kongressgeschehen den Messemarkt teilweise undurchsichtig erscheinen lassen. Daher sollten im Vorfeld der Beteiligung eine Reihe von Kriterien genau geprüft werden:

Image und Service der Messegesellschaft bzw. des Veranstalters:

- Themen und Relevanz der insgesamt angebotenen Messen,
- Qualität und Größe des Messegeländes,
- Preis-Leistungs-Verhältnis anhand der vorgegebenen Kostenstruktur,
- Rabatte für Hochschulen und Forschungseinrichtungen,
- Besucherservice der Messegesellschaft bzw. des Messeveranstalters,
- und die Verkehrsanbindung des Veranstaltungsortes.

Reichweite der Messe:

- Welche Ausstellergruppen präsentieren sich (national und international)?
- Welche Besuchergruppen werden angesprochen (national und international)?

Informations- und Kommunikationspolitik der Messegesellschaft:

- Gibt es im Vorfeld der Messe eine gute Information für Fachbesucher durch öffentlichkeitswirksame Pressearbeit?
- Lässt sich die eigene PR-Arbeit gut in die Kommunikationsmaßnahmen der Messe einbinden?
- Werden relevante Zielgruppen medial erreicht?

Struktur der Aussteller:

- Zusammensetzung der Aussteller nach Branchen und Produktgruppen,
- Überprüfung, ob marktführende Unternehmen der Branche teilnehmen,
- Einschätzung des Stellenwerts der Messe innerhalb der Branche,
- und die Überprüfung des Innovationsgrads der Messe anhand von Produkt-Premieren und Neuheitenreports.

Struktur der Messebesucher:

- nach Branchen und Produktgruppen,
- und nach Arbeitsgebieten und betrieblichen Positionen.

Optimalerweise ist die zur Wahl stehende Messe ein nationaler oder internationaler Branchentreffpunkt für die zu präsentierenden Forschungs- und Entwicklungsarbeiten. Bei Unsicherheiten in Anbetracht der Zielgruppen sollte ein Besuch der Messe vor einer möglichen Beteiligung eingeplant werden und vor Ort Eindrücke gewonnen und mit Ausstellern über die Qualität der Veranstaltung gesprochen werden. Die persönliche Erfahrung schlägt bei guter Sachkenntnis jede umfassende Hochglanzbroschüre einer Messegesellschaft. Auch sollten alternative Messen mit ähnlichem Branchenfokus geprüft werden. Vielfach finden sich die gesuchten Zielgruppen aber auch auf kleineren und regionaleren Messen, die themenreduziert eher eine branchenspezifische Klientel ansprechen.

5.5 Messeförderung

Die Teilnahme an Messen und Ausstellungen im In- und Ausland kann subventioniert werden. Höhe und Umfang der Förderleistung richtet sich nach den unterschiedlichen Wirtschaftsfördermaßnahmen der Bundesländer. Neben dem Bundesprogramm zur Förderung der Teilnahme junger innovativer Unternehmen an Messen im In- und Ausland, bieten auch die Bundesländer unterschiedliche Förderprogramme an. Diese Förderungen sind in der Regel auf Fachmessen und auf bestimmte Wirtschaftszweige beschränkt und richten sich insbesondere an klein- und mittelständische Firmen. Über die infrage kommenden Förderungen informieren neben dem AUMA auch die örtlichen Industrie- und Handelskammern sowie die Wirtschaftsministerien der Bundesländer. Darüber hinaus können sich Hochschulen und Forschungsinstitute an die entsprechenden Kultusministerien wenden und sich über eventuelle Förderungen informieren.

Im Falle der Messebeteiligungen von Hochschulen und Forschungseinrichtungen sind die Förderbedingungen der Länder höchst indifferent und können sich von Messe zu Messe deutlich unterscheiden. Eine einheitliche Regelung ist nicht vorhanden. Es werden sowohl Einzelbeteiligungen als auch Beteiligungen auf Gemeinschaftsständen in unterschiedlicher Art und Weise unterstützt.

Förderfähig sind im allgemeinen die vom Veranstalter in Rechnung gestellten Flächenmieten und ggf. allgemeine Kosten wie zum Beispiel für den Standbau, Transport, Öffentlichkeitsarbeit oder Standbetreuung. In einzelnen Fällen werden auch Kosten für Direkt-Mailing-Aktionen in der Landessprache, Beschaffung von Adressen, Versand, Anzeigen in Fachzeitschriften und Gemeinschaftswerbung oder Pressekonferenzen übernommen. Maßgeblich ist der Eingang des Antrages bei der Bewilligungsbehörde. Dem Antrag ist die Rechnung bzw. die Standbestätigung des Veranstalters beizufügen.

Einen besonderen Schwerpunkt bildet die Förderung der Teilnahme am internationalen Messegeschehen durch das Auslandsmesseprogramm des Bundes, das insbesondere kleinen und mittleren Unternehmen (KMU) und damit auch Start-Ups aus der Wissenschaft zugutekommt. Ihre Auftritte auf Auslandsmessen werden besonders vom Bundesministerium für Wirtschaft und Energie unterstützt. Diese Form des Messeauftritts im Ausland ist der Gemeinschaftsstand „Made in Germany". Bei einer Teilnahme an diesen Ständen kommt die Bundesförderung den Start-Ups indirekt zugute. Direkte Zahlungen werden nicht geleistet. Die Aussteller werden in technischen und organisatorischen Fragen unterstützt und profitieren von der Gesamtwirkung des Gemeinschaftsstands. Für die Teilnahme von Instituten aus Hochschulen und Forschungseinrichtungen gibt es bislang leider keine vergleichbaren Auslandsförderungen von Seiten der Länder und des Bundes.

Ein nachhaltiger Erfolg lässt sich aus einer Messeteilnahme nur dann erzielen, wenn die Beteiligung konsequent und zielführend geplant, durchgeführt und nachbereitet wird.

Phasen einer Messeteilnahme:

- Vorbereitungsphase (Zieldefinition und Messeauswahl,
- Messeteilnahme (Durchführung vor Ort),
- Nachbearbeitung (Evaluation der Ziele und Bearbeitung der Kontakte).

Eine Messebeteiligung ist nur dann erfolgreich, wenn die zuvor definierten Ziele (überwiegend) erreicht werden konnten.

6.1 Definition der Beteiligungsziele

Die Messeziele werden im Rahmen einer mittelfristigen Planung mit den jeweiligen Transfer- und Marketingzielen abgestimmt. Als multifunktionales Dialoginstrument erlauben Messen die Gewichtung unterschiedlicher Ziele eines ganzheitlichen Wissenschaftsmarketings.

Kommunikationsziele:

- Imagepflege der eigenen Marke,
- Kontaktpflege zu Politik und Verbänden,
- Gewinnung von strategischen Neukontakten,
- Zurückgewinnung inaktiver Kontakte und Kooperationen,
- Kontaktpflege mit den Medien.

© Springer Fachmedien Wiesbaden GmbH, ein Teil von Springer Nature 2019   29
T. Knoll, *Wissenschaft auf Messen präsentieren*, essentials,
https://doi.org/10.1007/978-3-658-26808-4_6

Vertriebsziele:

- Lizenz- bzw. Kooperationsvereinbarungen,
- Anbahnung von neuen Kooperationen (Wissenschaft zu Wirtschaft und Wissenschaft zu Wissenschaft),
- Steigerung des Umfangs bestehender Kooperationen,
- Marktbeobachtung,
- Akquisition von strategischen Partnern.

Präsentationsziele:

- Vorstellung von neuen Forschungsergebnissen,
- Präsentation von anwendungsorientierten Systemlösungen und Produktinnovationen,
- Angebote für forschungsnahe Dienst- und Serviceleistungen,
- neue Technologien und Prototypen.

Marktforschungsziele:

- Wünsche und Anforderungen der potenziellen Kooperationspartner feststellen,
- Akzeptanz der Forschungsergebnisse am Markt testen,
- Wettbewerbsfähigkeit gegenüber Mitbewerbern aus Wirtschaft und Wissenschaft prüfen und beobachten,
- Image und Bekanntheitsgrad der eigenen Institution ermitteln,
- Entwicklungen und Trends in Erfahrung bringen.

6.2 Messeauswahl

Die große Anzahl internationaler, nationaler und regionaler Messen und Ausstellungen allein in Deutschland setzt insbesondere bei Erstausstellern eine sorgfältige Auswahl der passgenauen Messe voraus. Unerlässlich ist dabei, die Bewertung der eigenen Situation und der zuvor definierten Beteiligungsziele in Abgleich mit dem Angebot und den Möglichkeiten der Veranstaltung.
Besonderer Augenmerk sollte dabei gelten:

- der Verfügbarkeit eines repräsentativen Kooperationsangebots,
- der Erreichbarkeit potenzieller Kooperationspartner und
- der Möglichkeit, neue Zielgruppen anzusprechen.

Die von der Gesellschaft zur freiwilligen Kontrolle von Messe- und Ausstellungszahlen (FKM) geprüften Daten und Fakten zu einzelnen Messeveranstaltungen
erleichtern die Beteiligungsplanung. Im jährlich publizierten FKM-Bericht finden sich zertifizierte Kennzahlen sowie Besucherstrukturanalysen von Messen
und Ausstellungen in Deutschland nach Messejahren geordnet. Geprüfte Messe-
kennziffern, vor allem die enthaltenen Besucherstrukturanalysen ermöglichen
die Bewertung der infrage kommenden Veranstaltungen anhand der aufgestellten
Zieldefinition. Eine generelle Übersicht über (Fach)messen in Deutschland bietet
der AUMA mit seiner online Messedatenbank und in der jährlich erscheinenden
kostenlosen Publikation „Messen Made in Germany" mit rund 500 Messeporträts
und einem Register nach Branchen, Orten und Terminen. Zusätzliche Informationen bieten auch die örtlichen Industrie- und Handelskammern und Handwerks-
kammern sowie die Wirtschaftsverbände und Auslandshandelskammern.

6.3 Auswahl der Exponate

Die Festlegung der Exponate erfolgt in enger Anlehnung an die Beteiligungsziele. Es gilt dabei zu beachten, Exponate zu präsentieren, die die Funktion oder
Wirkungsweise des neuen Produktes oder der neuen Systemlösung besonders gut
darstellen. In vielen Fällen werden zur Verdeutlichung sogenannte Demonstra-
toren ausgestellt. Idealerweise laden die Exponate zur Kommunikation ein und
demonstrieren Lösungs- und Umsetzungskompetenz.
Fragestellungen bei der Auswahl der Exponate:

*   Was muss unbedingt gezeigt werden?
*   Wie hoch ist das Innovationspotential?
*   Welche Entwicklung entspricht einem künftigen Bedarf?
*   Inwieweit ist die Usability marktreif?
*   Sollen besondere Messemodelle oder Prototypen angefertigt werden?

6.4 Messekostenkalkulation

Die Budgetplanung anhand einer guten Messekostenkalkulation ist ein zentraler
Bestandteil jeder sorgfältigen Vorbereitung einer Messebeteiligung (Abb. 6.1).
Die beiden größten Ausgabeposten mit 60 % (teilweise auch mehr) sind die
Standmiete inkl. Nebenkosten (Elektrik, Wasser, Reinigung etc.) und die Stand-
baukosten. Je nach Platzierung sowie Qualität und Ausstattung des Stands können

Kalkulation Messe XY

Kalkulation netto in EUR				Kosten kalkuliert	Ist - Kostenabrechnung
100 qm Gesamtfläche				100 qm	100 qm
externe Beratungsleistungen	Pressearbeit			500,00 €	365,00 €
Messeseminar		18 Personen		800,00 €	800,00 €
Ausgaben Betreuung	1 x Hostess zu 5 Tagen			800,00 €	735,00 €
Ausgaben Übersetzung		Broschüre		100,00 €	56,98 €
Materialbeschaffung / Versand	Transporte			2.500,00 €	1.350,00 €
Standmiete	100 qm x 260 €			26.000,00 €	26.000,00 €
Eckzuschläge	inklusive Eckzuschläge			- €	- €
Anmeldebeitrag	Anmeldebeitrag			450,00 €	450,00 €
Marketingbeitrag	Katalogeinträge Messe			600,00 €	600,00 €
Messebau	100 qm x 270 €	pauschal		27.000,00 €	27.000,00 €
Messebau	Datenkabel und IT-Service			1.000,00 €	990,75 €
Standgrafik	Schautafeln	12		1.200,00 €	1.023,90 €
Standgrafik	Bildschirme	12		1.200,00 €	1.480,00 €
Grafik	Stand Broschüre Druck	1000 Stck.		1.000,00 €	740,89 €
Serviceleistungen	Wasser/Elektro/Reinigung/ Internet			3.900,00 €	4.947,41 €
Catering	10 Pers. je 55 € x 5 Tage			2.750,00 €	2.534,00 €
TOTAL		**Summe**		**69.800,00 €**	**69.073,93 €**
Reisekosten über Fakultäten					

Abb. 6.1 Muster einer Messekalkulation ohne Reise- und Personalkosten (Th. Knoll)

die Kosten anteilsmäßig unterschiedlich stark variieren. Die übrigen Kosten verteilen sich prozentual auf Personal- und Reisekosten inkl. Übernachtungen und sonstige Ausgaben inkl. Werbung, Presse- und Öffentlichkeitsarbeit.

Ein großer Teil der Kosten lässt sich rasch durch Anfragen bei Messe- und Standbauunternehmen ermitteln. Hinzu kommen die intern zu kalkulierenden Kosten für Personaleinsatz, Reisen und PR-Maßnahmen.

Zur Schnellkalkulation der Messekosten bietet der AUMA unentgeltlich einen online Kosten-Nutzen-Rechner (MesseNutzenCheck) an, der im Detail – abgestuft nach den verfügbaren Daten – eine erste Gesamtkostenkalkulation ermittelt. Basis für die Struktur des Kalkulators ist eine grundlegende Studie des AUMA zur Ermittlung der durchschnittlichen Kosten einer Messebeteiligung nach Veranstaltungstypen.

Der Messe-Nutzen-Check des AUMA beinhaltet eine Software zur Planung, Berechnung und Bewertung einer Messebeteiligung als Aussteller.

Der Messe-Nutzen-Check:

- Welche Kosten würden entstehen, um die Ziele einer Messebeteiligung mit anderen Instrumenten zu erreichen?
- Nutzen der Messebeteiligung quantifizieren und qualifizieren und den Kosten gegenüberstellen.
- Ziele und Budget in Relation zum erwarteten Nutzen festlegen.

6.5   Umsetzung der Messeplanung

Zu Beginn der Messeplanung sollte ein detaillierter Termin- und Ablaufplan auf-
gestellt werden, der nach Aufgaben gegliedert, sämtliche Tätigkeiten in ihrer zeit-
lichen Reihenfolge festlegt. Alle im Voraus zu planenden Termine werden mit
Datum der Fertigstellung und Zuständigkeit erfasst.

Nach der Auswahl einer geeigneten Messe ist eine möglichst frühzeitige
Anmeldung ratsam. Je nach Messe-Turnus (viele Messen werden jährlich oder
alle zwei Jahre veranstaltet, manche sogar nur alle drei Jahre) liegt der Anmelde-
schluss 6–18 Monate vor der Veranstaltung. Eine frühe Anmeldung wird meist
mit Rabatten auf die Flächenanmietung belohnt und ermöglicht eine gute Stand-
platzierung. Stammkunden einer Messe buchen bereits während der laufenden
Messe oder unmittelbar danach ihre benötigte Standfläche, inklusive Platzierung
des Stands und die gewünschte Halle. Bei einer verspäteten Anmeldung sinkt die
Chance, einen optimalen Standplatz zu erhalten. Dieses gilt gleichermaßen für
die Anmeldung als Unteraussteller auf einem Gemeinschaftsstand.

Ausstellerunterlagen:

- Anmeldeformular mit allgemeinen Beteiligungsbedingungen,
- Produktgruppenverzeichnis,
- Hinweise zu den Katalogeinträgen (digital und analog),
- Geländeplan mit Lageskizze der einzelnen Hallen,
- Hallenpläne ggf. mit erster Aufplanung,
- Allgemeine Richtlinien inklusive den jeweiligen Einfahrtsverordnungen auf
  das Messegelände,
- Serviceangebote (Ausstellerausweise, Gasttickets, Parkausweise, W-LAN
  Codes, Voucher für einen Imbiss).

In der Anmeldung sind neben allgemeinen Angaben zum Aussteller und zum
Ansprechpartner für die Messeplanung und die Public Relations insbesondere
Angaben zum Ausstellungsgegenstand (Produktgruppenbezeichnungen) erforderlich sowie die Angabe der benötigten Flächengröße (inklusive der Angabe der
gewünschten freien Seiten zu den Gängen). Eine grobe Standkonzeption mit
Exponatliste erleichtert den Anmeldevorgang. Bei Gemeinschaftsbeteiligungen
erfolgt die Anmeldung einer Teilfläche normalerweise direkt bei der mit der
Umsetzung beauftragten Agentur oder Organisation (z. B. Verband/Verein/Wirt-
schaftsförderung/Industrie- und Handelskammer).

Mit der Rücksendung der unterschriebenen Anmeldung erkennt der Aussteller die Teilnahme und die Geschäftsbedingungen des Veranstalters an und hat vorab einen unverbindlichen Vertrag mit der Messegesellschaft geschlossen. Bis zur rechtsverbindlichen Ausstellungszulassung durch die Messe ist ein Rücktritt oder eine Reduzierung der Standfläche noch kostenneutral möglich. Danach hat die Messe das Recht, die gesamte Standmiete in Rechnung zu stellen. Falls der Veranstalter die Fläche noch an andere Aussteller vermieten kann, reduziert sich das Rücktrittsentgelt in der Regel auf 25 % der geplanten Standmiete.

Der Messeveranstalter entscheidet über die Zulassung eines Ausstellers aufgrund der Zugehörigkeit seines Ausstellungsprogramms zu dem Produktverzeichnis (Nomenklatur) der Veranstaltung. Erzeugnisse, die nicht der Nomenklatur der Veranstaltung entsprechen, dürfen nicht ausgestellt werden, soweit sie nicht für die Darstellung bzw. den Funktionsablauf des eigenen Ausstellungsobjekts unabdingbar sind. Der Messeveranstalter ist berechtigt, Exponate vom Ausstellungsstand zu entfernen, die nicht der Nomenklatur entsprechen.

Nach der Anmeldung zur Messe kann zeitnah mit den ersten Planungen zur konkreten Umsetzung des Messestands begonnen werden. Sollte es sich um eine Beteiligung auf einem Gemeinschaftsstand handeln, ist der Organisator des Stands für die Positionierung und Gestaltung der eigenen Fläche der erste Ansprechpartner. Für die Umsetzung spezifischer Anforderungen, die über das pauschale Standangebot hinausgehen (z. B. sehr große Exponate, extra Verlegung von Druckluft, hohes Datenvolumen für Softwarepräsentationen) ist es oftmals ratsam nachfolgend mit dem vom Organisator beauftragten Standbauunternehmen zu sprechen. Bei Einzelstandpräsentationen einer Hochschule oder Wissenschaftlichen Einrichtung sollte zunächst ein Leistungsverzeichnis als Grundlage einer Ausschreibung für den Standbau erstellt werden. Nach Auswahl eines Standbauers ist es empfehlenswert, das Standbaukonzept in enger Absprache mit den ausstellenden Wissenschaftlerinnen und Wissenschaftlern zu planen und umzusetzen.

Im Rahmen der Messevorbereitungen müssen eine Reihe von wichtigen internen und externen Vorbereitungen getroffen werden. Zu den internen Messevorbereitungen der Aussteller bzw. der zuständigen Transferstelle gehört die Festlegung der Exponate hinsichtlich ihrer Funktionsweise, Größe und Anschaulichkeit bzw. Verständlichkeit für die potenzielle Zielgruppe. Auch sollten hinsichtlich der Kostenentwicklungen bereits in einem frühen Stadium der Vorbereitungen die Reisen und Hotelübernachtungen gebucht werden. Wichtig ist zudem eine frühzeitige Koordinierung aller Kommunikationsmaßnahmen und PR-Arbeiten sowie des Einladungsmanagements durch Anschreiben potenzieller Partner und den Versand von Gasttickets. Kurz vor der Messe absolvieren alle

Aussteller ein verbindliches Messetraining, um auf der Messe in professioneller Art und Weise aufzutreten.

Zu den externen Vorbereitungen gehören nach Prüfung des Standkonzepts und der grafischen Leistungen inkl. Prospekte und Flyer die Beauftragung des Standbaus. Zudem die Prüfung von möglichen Transporten zur Messe und deren Durchführung durch die Beauftragung einer Spedition oder durch die Bereitstellung eigener Ressourcen der Hochschule oder der Wissenschaftlichen Einrichtung. Hinzu kommen die Bestellungen von Serviceleistungen beim Messeveranstalter und die Einträge in die unterschiedlichen Kataloge und Produktgruppenverzeichnisse (digital und analog).

6.6 Überprüfung wichtiger Planungsschritte

Im Vorfeld der Messebeteiligung sollten ca. vier Wochen vor Beginn der Veranstaltung alle Planungsschritte noch einmal gewissenhaft überprüft werden, um genügend Reaktionszeit für ggf. notwendige Korrekturen oder zusätzliche Bestellungen zu haben. Besonders beachtet werden sollte dabei die Aktualität der Standbaupläne, die Durchführung der PR- und Kommunikationsmaßnahmen, die Bestellungen für Grafik und Printerzeugnisse, die Transportlisten sowie die Personal- und Zeitpläne.

Zum notwendige Leistungscheck vor Ort, meist einen Tag vor Messebeginn, gehören die Kontrolle des Standbaus inklusive Positionierung, Aufbau und Exponate, die Überprüfung aller Anlieferungen (Flyer und Broschüren, Schautafeln, Catering und Exponate), die Einweisung des Standpersonals und der Mediencheck für weitere PR- und Kommunikationsmaßnahmen während der Messe.

6.7 Aufgaben während der Messe

Während der Messe obliegen der Projektleitung alle Aufgaben, die zu einem reibungslosen Betrieb des Stands notwendig sind. Ziel muss es sein, die Aussteller bestmöglich zu unterstützen und damit die Basis erfolgreicher Kundengespräche zu schaffen. Diese Aufgaben umfassen die Organisation des Standbetriebs, das Führen von Kundengesprächen, die Begrüßung von (VIP-) Delegationen und die Zuarbeiten für PR und Kommunikation zum Beispiel durch Fotos, Meldungen und Informationen.

6.8   Nach der Messe

Nach Beendigung der Messe muss eine Auswertung der Berichtsbögen und eine Analyse der Besucherdaten erfolgen, um die Kontakte von der Messe in konkrete Projekte oder Beauftragungen umsetzen zu können. Dementsprechend sollten Anschlusstermine vereinbart und weitergehende Informationen und Angebote versendet werden. Im Rahmen einer abschließenden Erfolgskontrolle erfolgt die Evaluation der Messeziele und die abschließende Abrechnung aller Messekosten. Auf Basis der daraus folgenden Kosten-Nutzen-Faktoren kann abschließend eine Entscheidung für oder gegen eine neuerliche Messebeteiligung erfolgen.

Die verschiedenen Aufgaben der Projektabschnitte sind bei variierendem Aufwand pro Phase oftmals zeitgleich zu bearbeiten. Der individuelle Aufwand steht dabei in Abhängigkeit zu den verwandten personellen Ressourcen der Aussteller (Fachbereiche und Institute) und der involvierten Fachabteilungen (Technologietransferstelle, Pressestelle u. a.). Der zugrunde liegende Planungszeitraum einer Messebeteiligung beträgt normalerweise ein Jahr. Wenn an einer Messe kontinuierlich teilgenommen wird, können sich einzelne Planungsphasen durch die entstehende Routine verkürzen.

7.1   Einstieg (12–9 Monate vorher)

Definition der Auswahlkriterien:

- Definition der Messeziele im Rahmen des Marketing-Mixes,
- Überprüfung des Produkt- und Leistungsangebotes auf Messetauglichkeit,
- internes Ressourcenmanagement (Überprüfung Personal- und Zeitressourcen).

Auswahl geeigneter Messen:

- Analyse der „Messelandschaft" (AUMA),
- Betrachtung der Messekataloge nach Themen und Nomenklaturen,
- Durchführung einer Struktur- und Zielgruppenanalyse (FKM),
- Überprüfung der regionalen, nationalen und internationalen Reichweiten,
- Vorabbesuch von Zielveranstaltungen.

© Springer Fachmedien Wiesbaden GmbH, ein Teil von Springer Nature 2019   37
T. Knoll, *Wissenschaft auf Messen präsentieren*, essentials,
https://doi.org/10.1007/978-3-658-26808-4_7

Kalkulation der Kosten/Budgetplanung:

• Berechnung der Anmeldegebühren und Standmieten,
• Berechnung der Grundkosten Messe (Wasser/Energie/Internet/Reinigung),
• Berechnung der Standbau/-ausstattung (inkl. Catering),
• Berechnung der Standservices (Hostessen/Wachschutz),
• Berechnung der Transporte,
• Berechnung der Personal- und Reisekosten,
• Berechnung der PR- und Marketingkosten.

7.2   Planung (9–6 Monate vorher)

Einzelaussteller:

• Individueller Messestand mit variabler Größe,
• Alleinstellungsmerkmal ist gegeben,
• Kooperationspartner sind möglich.

Gemeinschaftsstand:

• Ausstellungsgröße/-platz ist limitiert,
• Sichtbarkeit der Marke ist limitiert,
• weniger planungs-, kosten- und personalintensiv,
• begünstigt intern intensiven Fachkontakt mit möglichen folgenden Kooperationen.

7.3   Vorbereitung (6–3 Monate vorher)

Interne Vorbereitungen:

• Koordination des Messeteams (Leiter und Team),
• Durchführung eines Messetrainings,
• finale Auswahl der Exponate,
• Kampagnenplan für PR- und Kommunikation,
• Umsetzung des Einladungsmanagements,
• Buchungen der Reisen und Hotels.

Externe Vorbereitungen:

- Beauftragung des Standbaus,
- Beauftragung der Groß-Grafik,
- Beauftragung der Prospekte und Flyer,
- Eintragung der Katalogeinträge/Nomenklatura,
- Bestellung der Messe-Services,
- Festlegung der Transporte.

7.4   In letzter Minute (4 Wochen)

Planungen überprüfen:

- Überprüfung des Standbauplans,
- Überprüfung der Messe- und Serviceleistungen,
- Überprüfung der PR und Kommunikationsmaßnahmen,
- Überprüfung der Grafik,
- Überprüfung des Einladungsmanagements,
- Überprüfung der Transporte,
- Überprüfung der Personal- und Zeitpläne.

7.5   Am Messeplatz (kurz vor Messebeginn)

Leistungscheck vor Ort:

- Kontrolle des Standbaus inkl. Exponate,
- Kontrolle der Erfassungsbögen,
- Kontrolle der Flyer und Broschüren,
- Kontrolle der Bestellungen (Catering, Serviceleistungen Messe),
- Einweisung des Standpersonals,
- Mediencheck für PR und Kommunikation.

7.6   Während der Messe

Arbeiten vor Ort:

• Beobachtung des Messegeschehens,
• Kunden- und Besuchergespräche führen,
• Begrüßung von (VIP-) Delegationen,
• aktive/passive Teilnahme an Foren und Infoveranstaltungen,
• Networken auf Side-Events der Messe (Eröffnung/Abendevents/Einladungen),
• Führung des Standbetriebs,
• Zuarbeiten für PR und Kommunikation (Fotos/Meldungen/Informationen).

7.7   Nachbereitung und Auswertung

Besuchererfassung/Leadmanagement:

• Auswertung der Berichtsbögen,
• Analyse der Besucherdaten (Einladungsmanagement/Matching),
• Vereinbarung von Anschlussterminen,
• Versand von Informationen und Angeboten,
• Verfassen von Dankschreiben,
• Aufbereitung von Informationen für PR und Marketing.

Erfolgskontrolle:

• Abrechnung und Budgetüberprüfung,
• Evaluation der gesetzten Messeziele,
• Auswertung Kosten-Nutzenfaktor (Preis je Kontakt/Lead),
• Auswertung PR und Kommunikation,
• Konsequenzen ziehen für kommende Messebeteiligungen.

Messekommunikation und Besuchermarketing

8

Am Beginn einer Kommunikationsstrategie stehen immer die zentralen Fragen: Wer – Mit welchen Mitteln – Wann und Wie – Worüber informiert werden soll. In der Regel zählen neben der eigenen Hochschule oder Wissenschaftlichen Einrichtung bereits bestehende oder potenzielle Kooperationspartner, Mittelgeber von Verbund- und Forschungsprojekten sowie Medienvertreter zu den wichtigsten Adressaten einer umfassenden Presse- und Öffentlichkeitsarbeit. Bei der internen Kommunikation gilt es vorrangig überzeugend darzustellen, welchen Zwecken und Zielen der Messeauftritt dient.

Um eine möglichst weite Verbreitung der Informationen gewährleisten zu können, sollten zu den klassischen Kanälen wie Print- und elektronischen Medien vor allem soziale Netzwerke genutzt werden. Neben einer ausführlichen Beschreibung des Nutzens bzw. Mehrwerts der Messeinhalte (neue Verfahren, optimierte Prozesse, innovative Systemlösungen) müssen dabei die Standardangaben zum Veranstaltungsort (Name der Messe, Ausstellungshalle und Standnummer) sowie zur Laufzeit der Messe (Termin und Öffnungszeiten) benannt werden.

Messekommunikationsstrategie:

- Wer bzw. welche Zielgruppen sollen angesprochen werden?
- Welche Kommunikationskanäle einer zielgruppengerechten Informationsverbreitung stehen zur Verfügung?
- Wann sollen Informationen über unterschiedliche Kanäle an die Zielgruppen weitergegeben werden?
- Wie werden die einzelnen Informationskanäle bedient?
- Worüber soll berichtet werden?

© Springer Fachmedien Wiesbaden GmbH, ein Teil von Springer Nature 2019   41
T. Knoll, *Wissenschaft auf Messen präsentieren,* essentials,
https://doi.org/10.1007/978-3-658-26808-4_8

8.1   Öffentlichkeitsarbeit der Messeveranstalter

Für Messeveranstalter ist die Durchführung umfangreicher kommunikativer Maßnahmen ein zentraler Bestandteil der Arbeiten im Vorfeld und während der Messeveranstaltung. Eine befriedigende mediale Information und nachhaltige redaktionelle Presseberichterstattung prägt das Image der Messe und beeinflusst damit die Akquisition von namhaften Instituten ebenso wie umworbenen Start-Ups. Die Messeveranstalter bieten daher akkreditierten Journalisten eine Vielzahl von Möglichkeiten, sich vor und während der Messe über Trends und Neuheiten zu informieren und darüber zu berichten. Neben dem Versand von Newslettern und Pressemitteilungen sowie der Veranstaltung von Pressekonferenzen werden oftmals auch spezielle Presserundgänge während der Messe organisiert, um so eine besonders aktuelle und weitreichende Berichterstattung zu ermöglichen.

Als Hauptinstrument der Erfolgskontrolle dient den Ausstellern und Veranstaltern nach der Messe die Medienresonanzanalyse. Sie gibt Auskunft über die Anzahl der Journalistinnen und Journalisten (national und international), die während der Messe akkreditiert waren und über die Anzahl der Berichte, die über die Messe in Printmedien und elektronischen Medien erschienen sind. Dies sind wichtige Kennzahlen, um die mediale Bedeutung einer Messe einschätzen zu können.

Die Pressearbeit der Messeveranstalter ist ein wichtiger Service für die Aussteller, die die Messe nicht zuletzt auch zur Selbstdarstellung nutzen. So haben Hochschulen und Forschungseinrichtungen die Möglichkeit, im Vorfeld der Messe durch das Versenden von Informationen an die PR-Abteilungen der Messegesellschaften mit ihren Innovationen und Forschungsergebnissen in einen Messe-Newsletter zu gelangen. Insbesondere die Vertreter aus dem F&E-Bereich sind im Vorfeld der Messeveranstaltungen gefragte Input-Geber, da sie mit ihren Forschungs- und Entwicklungsleistungen vielfach neue Trends und wegweisende Technologien präsentieren.

Ebenso ermöglichen die gängigen Internet-Kataloge der Messen als Marketinginstrument den Ausstellern, neben ihrem Profil gezielt auf Forschungsergebnisse zu verweisen. Die angelegten Produktinformationen sind in Produktgruppenverzeichnissen hinterlegt, die den Besuchern und Pressevertretern jederzeit, vor, während und nach der Messe, meist bis zu Folgeveranstaltungen zur Verfügung stehen. Weitere Möglichkeiten Ausstellerinformationen an die Medien zu leiten, bieten kostenpflichtige Angebote, wie die Nutzung von Pressefächern – zunehmend digital – oder die Veröffentlichung von Anzeigen in einer Messezeitung.

8.2   Presse- und Öffentlichkeitsarbeit der Aussteller

Grundsätzlich ist davon auszugehen, dass die Medien, insbesondere Fachzeit-schriften, gerne vor der Messe über die Forschungsergebnisse und Innovationen aus Hochschulen und Forschungsinstituten berichten, um die Attraktivität einer Messeveranstaltung zu erhöhen. Wer zudem in der Lage ist, den Messeauftritt durch hochschul- oder institutseigene Presse- und Öffentlichkeitsarbeit vorzu-bereiten und zu begleiten, sollte neben den zur Verfügung stehenden Angeboten der Messe seine Produktentwicklung oder Systemlösung dort auch selbst kom-munizieren. Desweiteren sollte eine Veröffentlichung im Informationsdienst Wissenschaft – IDW – online gestellt werden. Eine frühzeitige Versendung von Pressemitteilungen oder umfassenderen redaktionellen Berichten zum Forschungsgegenstand an Fachzeitschriften oder den IDW erhöht die Aussichten, mit den eigenen Themen Berücksichtigung in der allgemeinen Messebericht-erstattung zu finden. Eine gut vorbereitete Presseinformation kann zudem die Basis für die obligatorische Standbroschüre bilden, die für Besucher des Stands zur Verfügung gestellt werden sollte.

Die ersten Presseinformationen über die bevorstehende Messebeteiligung werden circa 8–10 Wochen vor Beginn der Messe versandt. Wenn es das Bud-get erlaubt, besteht bei einigen großen Messen zudem die Möglichkeit, an einer Presse Preview des Veranstalters teilzunehmen, auf der sich eingeladene Journa-listen im Vorfeld der Messe über neue Produkte und Innovationen informieren können.

Etwa vier Wochen vor Beginn der Messe wird eine zweite Pressemitteilung und ggf. Einladungen für die Pressekonferenz versandt. Die Mitteilungen soll-ten knapp, präzise und verständlich gestaltet sein und nicht mehr als zwei Seiten umfassen. Bei einem digitalen Versand sollten Fotos zum Download bereitstehen. Alle Informationen müssen auch in englischer Version verfügbar sein, denn Mes-sen sind ein internationales Geschäft – heute mehr denn je.

Im Falle einer Pressekonferenz vor Ort, während der Messe, sollte der Ter-min rechtzeitig mit der Messe abgestimmt sein, um Terminüberschneidungen zu vermeiden. Ob die PK auf dem Messestand selbst oder in einem angemieteten Raum auf dem Gelände stattfindet, ist eine Frage des Platzbedarfs, der Mit-tel und der Logistik. Sollte dabei aufwendige Präsentationstechnik zum Einsatz kommen, liegt eine Durchführung in einem der Konferenzräume nahe. Ein gut konzeptionierter Messestand zahlt hingegen besser auf die Markenbildung der ausstellenden Institution ein.

Es empfiehlt sich, eigenständig weitere relevante Journalisten auf die Messe einzuladen. Medienvertretern, die nicht erschienen sind, sollten nach der Messe die Informationen zugänglich gemacht werden.

Grundsätzlich gilt, dass jede Sparte, jedes Medium an einer anderen Art Information interessiert ist. Die Fachpresse (digital oder analog) erwartet Informationen zu Produkten, Innovationen, Technologien aus dem jeweiligen Branchenspektrum. Die elektronische Berichterstattung für TV und Radio braucht optisch ansprechende Bilder und brauchbare O-Töne eines kompetenten Interviewpartners.

8.3   Besuchermarketing und Werbung

Neben der reinen Pressearbeit empfiehlt es sich, gezielt im Besuchermarketing aktiv zu werden. Mit der individuellen Ansprache durch Mailing-Aktionen und postalische Anschreiben sollten im Vorfeld Messeeinladungen mit Eintrittskarten-Gutscheinen versandt werden. Umfang und Ausgestaltung der Einladungen sind dabei budgetabhängig.

Die Messeveranstalter stellen oftmals Werbemittel kostenlos zur Verfügung, deren Nutzung zu empfehlen ist. Oft können Aussteller vorgedruckte, individualisierte Messeeinladungen, Korrespondenzaufkleber und Messeplaner bei der Messe für Werbezwecke bestellen. Ausgehende Briefe und Poststücke können somit im Vorfeld der Messe mit Briefaufklebern versehen werden, auf denen Veranstaltungsname, Halle und Standnummer aufgedruckt sind. Ebenso sollten die Signaturen der Mailaccounts von Mitarbeitern und Mitarbeiterinnen und die verbundenen Homepages beispielsweise in Form eines elektronischen Banners Hinweise auf eine bevorstehende Messeteilnahme erhalten.

Weitere Marketinginstrumente im Messekontext können Werbung auf dem Messegelände und in den Messehallen, Außenwerbung an den Messezugangsstraßen sowie Anzeigen in Fachzeitschriften, im Messekatalog und in der Messezeitung bilden. Wichtig ist, dass alle eingesetzten Werbemaßnahmen eine treffende Botschaft vermitteln. Ein gut gemachtes Corporate Design kann hier für Synergieeffekte sorgen, ohne den Budgetrahmen zu sprengen.

Der Messestand

9

Der Messestand ist durch Form, Material, Farbe und Licht das visuelle Aushängeschild der Corporate Identity einer Hochschule oder Wissenschaftlichen Einrichtung. Er bildet die Projektionsfläche für das Auftreten der Institution und seiner Mitarbeiter gegenüber Fachbesuchern, Pressevertretern und der allgemeinen Öffentlichkeit und ist der zentrale Kommunikationsort für Gespräche, Kontakte und Geschäftsanbahnungen. Seine Wirkung ist audiovisuell und sensorisch auf rationaler und emotionaler Ebene. Ein professioneller Standbau punktet hier durch Erfahrung. Ein unprofessioneller Standbau „Marke Eigenbau" läuft Gefahr, von potenziellen Koopperationspartnern nicht ernstgenommen zu werden. Wer auf Messen geht, muss sich an anderen Ausstellern im wahrsten Sinne des Wortes „messen" lassen.

9.1 Die Größe des Messestands

Die Größe eines Messestands inklusive Ausstattung korreliert fast immer mit dem veranschlagten Messebudget. Weitere Einflussfaktoren sind das Volumen und die Anzahl der Exponate, der Umfang der geplanten Funktionsdemonstrationen und Produktvorführungen, aber auch der Wunsch nach einer möglichst freien und offenen Kommunikation auf dem Stand, die mehr Raum erfordert als eine eingeschränkte, die auf einen streng begrenzten Besucherkreis abzielt.

© Springer Fachmedien Wiesbaden GmbH, ein Teil von Springer Nature 2019   45
T. Knoll, *Wissenschaft auf Messen präsentieren*, essentials,
https://doi.org/10.1007/978-3-658-26808-4_9

9.2   Standort des Messestands

Konkurrenz belebt das Geschäft – auch und insbesondere bei der Platzierung auf Messen. Entscheidend für den Erfolg der Messebeteiligung ist, dass der Aussteller innerhalb der Angebotsgruppe seiner Branche zu finden ist. Bei großen Technologie- und Fachmessen sind die Branchen und Themenbereiche übersichtlich nach Hallen aufgeteilt. Einige Messen bieten gesonderte F&E-Bereiche für Hochschulen und Wissenschaftliche Einrichtungen an, die als Sonderschauen besonders beworben werden. Schwieriger ist es bei kleineren Messen, seine Halle bzw. den richtigen Platz in seiner Halle zu finden.

Vor Anmietung der Standfläche empfiehlt es sich, einen detaillierten Hallenplan mit – soweit bereits möglich – Angaben über die angrenzenden Unternehmen anzufordern (Abb. 9.1). Der Messestand sollte nach Möglichkeit an einem zentralen Längs- oder Quergang mit einem transitorischen Charakter liegen oder angrenzen. Innerhalb der Messehalle sind diese Wege diejenigen mit der höchsten Besucherfrequenz. Dennoch können auch Veranstaltungen und besondere Attraktionen auf großen Firmen- oder Verbandsständen, Sonderschauen oder Foren weniger attraktive Gangführungen positiv beeinflussen. Zu meiden sind sogenannte „Blinddärme", d. h. Hallenbereiche oder -stockwerke, die keinen

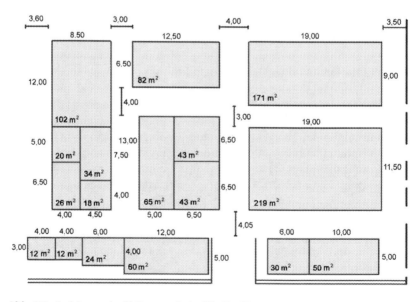

Abb. 9.1 Aufplanung im Hallenausschnitt (Th. Knoll)

Durchgang erlauben bzw. nicht in den Rundgang der Messehallen einbezogen sind. Eine Platzierung in der Nähe von Bars, Restaurants, WC oder Messe-info-Ständen kann die Besucherfrequenz quantitativ erhöhen, wobei dies nicht unbedingt einen qualitativen Vorteil mit sich bringen muss. Eng mit der Standort-wahl verbunden ist der daraus resultierende Standtypus.

Es gibt vier unterschiedliche Standtypen, die sich aus dem Zuschnitt einer Hallenaufplanung ergeben. Varianten dieser vier Grundmuster kommen in der täglichen Praxis auf Messen und Kongressausstellungen nicht vor.

- **Reihenstand mit einer offenen Seite:** Er ist der kostengünstigste Messestand. Der Stand grenzt zu beiden Seiten links und rechts an einen Standnachbarn. Die Kosten für die Standfläche sind bei diesem Standtypus meist am niedrigs-ten, da keine Seitenzuschläge vom Messeveranstalter erhoben werden. Je nach Ausstellungskonzept kann die Reduzierung auf nur eine offene Präsentations-front sogar vorteilhaft sein.
- **Eckstand mit zwei offenen Seiten:** Beim sogenannten Eckstand liegen die beiden offene Standseiten im rechten Winkel zueinander. Sie können beide als Präsentationsfronten genutzt werden. Je nach Standgröße ist eine wirkungs-volle Mischung aus ruhigen Besprechungsbereich und belebter Standfläche für eine erfolgreiche Produktdarstellung einfacher umsetzbar als bei einem Reihenstand.
- **Kopfstand mit drei offenen Seiten:** Er weist drei freie Seiten zu den begrenzenden Hallengängen auf. Die meist größeren und zentral positionierten Stände verfügen oftmals über eine größere Präsentationsfläche, die eine sehr fle-xible Gestaltung für die Inszenierung der Exponate erlaubt. Zudem können die damit verbundenen großen Rückwandseiten für zentrale Großgrafiken genutzt werden.
- **Blockstand mit vier offenen Seiten:** Der Blockstand oder Inselstand bietet die mit Abstand größte Flexibilität bei der Standgestaltung und Ausstellungs-inszenierung. In meist zentraler Hallenlage können bis zu vier Seiten mit Exponaten bespielt werden. Damit ergibt sich ein sehr hohes Maß an Sicht-barkeit, die durch eine intelligente Standgestaltung so gut wie möglich genutzt werden sollte.

9.3 Kosten des Messestands

Viele Messeveranstalter bieten normierte Stände an, die in verschiedenen Größen und Ausstattungsvarianten bezugsfertig angemietet werden können. Derartige Lösungen schränken zwar die individuelle Gestaltung ein, doch entlasten sie das Budget, da die Messegesellschaften vielfach Sonderkonditionen für Fläche inkl. Standbau aus einer Hand anbieten. Diese Lösung ist zumindest bei kleineren Messebeteiligungen ohne große Vielzahl an Exponaten oder bei begleitenden Kongressausstellungen eine gängige und empfehlenswerte Beteiligungsform.

Die verbreitetste Art des Standbaus ist der Systemstand. Es gibt eine Reihe von patentierten Verfahren, um aus normierten Elementen und Teilen über Steck-, Klemm- und Schraubverbindungen Messestände zu bauen. Vorteilhaft ist ihre Flexibilität in Bezug auf Ausmaß- bzw. Größenveränderung, die zur Senkung der Standbaukosten beiträgt. Höchste Individualität erreichen Stände hingegen durch singulär gebaute Konstruktionen. Derart maßgeschneiderte Stände sind aber relativ unflexibel, da sie bei anderen Veranstaltungen meist neu angepasst werden müssen. Sie sind auch mit den höchsten Kosten verbunden. Ratsam ist hierbei eine möglichst frühzeitige Zuhilfenahme von Fachleuten, Architekten und Standbauspezialisten, um den passenden Stand für den eigenen Messeauftritt zu finden.

Zentrale Fragen für die Gestaltung eines Stands sind:

• Wer soll angesprochen werden? Sind Fach- oder Privatbesucher die zentrale Zielgruppe?
• Wie präsentiere ich meine Exponate am wirkungsvollsten?
• Welche Medien- und Gestaltungselemente sollen verwendet werden?
• Wird ein von mehreren Seiten begehbarer Stand benötigt?
• Gibt es einen reinen Fachbesucherbereich?
• Sind abgeschirmte Kommunikationszonen (Sitzecken) einzuplanen?

Die Kosten für die Mietflächen der jeweilgen Standtypen sind sehr unterschiedlich. Bei Anmietung einer Fläche werden zum vorliegenden Quadratmeterpreis von den Messegesellschaften nochmals Zuschläge entsprechend der nutzbaren freien Standseiten erhoben, sodass der Reihenstand mit einer freien Seite deutlich günstiger in der Flächenmiete als der Blockstand ist. Zudem fallen weitere Aufschläge beim Bau eines Doppelstockstands für die Fläche der zweiten Standebene an.

Die Bau- und Materialkosten ergeben sich aus der Art und Weise des Standbaus. Ein Systemstand mit wiederverwertbaren Bauteilen ist immer günstiger als ein aufwendiger Individualstand. In der Praxis haben sich insbesondere für Gemeinschaftsstände wiederverwertbare Systembaulösungen durchgesetzt, die nicht nur preislich günstiger durch den Einsatz genormten Materials und damit einhergehend von einer geringeren Bauzeit sind, sondern auch ggf. auf mehreren Veranstaltungen im Jahr genutzt immer mit dem gleichen Corporate Design einen wirkungsvollen Wiedererkennungseffekt haben (Abb. 9.2).

Abb. 9.2 Gemeinschaftsstand in Systembauweise (A-DES GmbH Architektur Design)

Wichtig ist für die Wahrnehmung des Stands durch die Besucher und die Aussteller eine professionelle Präsentation der Exponate. Je nach Exponatanzahl und technischem Aufwand ergeben sich variierende Kosten, die aus zusätzlichen standbaulichen Arbeiten resultieren, wie beispielsweise:

- der Notwendigkeit größerer Datenleitungen,
- der Einrichtung separater W-LAN Netze,
- der Einbeziehung eines Standforums inklusive des Einsatzes spezifischer Veranstaltungstechnik,
- der Nutzung aufwendiger Großgrafiken,
- der Bereitstellung von Druckluft,
- dem Einbau hochwertig möblierter, separater Gesprächsbereiche,
- der Integration einer Küche (Wasseranschluss/Spüle/Geschirrspüler/Kochplatten/Kühlschränke),
- der Anforderung größerer umbauter Lagerflächen.

9.4   Gestaltung des Messestands

Messen sind eine Leistungsschau konkurrierender Anbieter einer oder mehrerer Branchen. Um hier gewappnet zu sein, muss die Hochschule oder Wissenschaftliche Einrichtung mit ihrem Stand vor Ort durch den Besucher positiv und ansprechend wahrgenommen werden. Der Messestand muss auf den ersten Blick einladen und Interesse weckende. Durch die Inszenierung spannender und außergewöhnlicher Exponate entfaltet sich dem Besucher im besten Fall eine Art Erlebniswelt für Forschung und Entwicklung, durch die sich der Stand im Wettbewerb um Aufmerksamkeit positiv abhebt.

In diesem Sinne sollte Wert auf anschauliche und erklärende Exponate gelegt werden, die durch ihre Art und Beschaffenheit leicht verständlich den Nutzen bzw. die technologische Anwendung der Forschungs- und Entwicklungsarbeiten darstellen. Es kann sich dabei um Labortechnik, Prototypen von Maschinen, Software oder um die Darstellung von Prozess- und Verfahrenstechnologien handeln.

Grundlagen einer attraktiven Standinszenierung sind:

- eine übersichtliche und transparente Raumaufteilung des Stands durch offene Zugänge und die Anordnung der Schautafeln, Grafiken und Exponate,
- eine gute Erreichbarkeit der einzelnen Exponate,
- eine professionelle Ausleuchtung des Stands sowie der Exponate und Grafiken,
- der begleitende Einsatz visueller Medien zur Unterstützung der Präsentation,
- gut lesbare Schautafeln zu den Exponaten (wenig Text/aussagekräftige Bilder als Eyecatcher), die besondere Sachverhalte gezielt hervorheben (Abb. 9.3).

Layoutbeispiele Ausstellertafeln Format DIN A1, B x H = 594 x 841 mm

Abb. 9.3 Layouts für Aussteller-Schautafeln (A-DES GmbH Architektur Design)

9.5 Standorganisation und -personal

Innerhalb der Transferstelle oder einer vergleichbaren Verwaltungseinheit sollte es immer einen Hauptansprechpartner für die Umsetzung der Messebeteiligung geben. Dies vereinfacht die Kommunikation nach außen mit dem Messeveranstalter und dem Standbauer sowie weiteren Gewerken und auch intern zu den ausstellenden Instituten und Fachgebieten. Diesem Projektleiter sollte die Prozessplanung, die Koordination, die Durchführung und Nachbereitung der Messebeteiligung obliegen.

Der Projektleiter ist Bindeglied der notwendigen Arbeitsteilung im Zusammenspiel von Organisationsteam und Ausstellern während der Messe. Er bzw. das Projektteam informiert die Aussteller über die Lage und Anordnung des Stands und der Räumlichkeiten auf dem Stand (Lager, Küche, Garderobe, etc.), über Öffnungs- und Schließzeiten der Hallen, Einsatz- und Zeitpläne der Mitarbeiter, Abmeldemodalitäten, Bewirtung, Kleiderordnung und, Serviceleistungen. Der Projektleiter ist immer erster Ansprechpartner, nicht nur für Anfragen von Journalisten und anderen Medienvertretern und für die Begrüßung von VIPs und wichtigen Kunden auf dem Stand. Er ist auch für den reibungslosen technischen Ablauf verantwortlich. Dies gilt insbesondere bei technischen Funktionsstörungen (Ausfall von Lampen/Stromausfälle/Ausfall der Online-Verbindungen/Probleme mit dem Catering) während des Standbetriebs.

Viel Wert sollte auf eine gute Qualifizierung der Austeller, d. h. in der Regel der wissenschaftlichen Mitarbeiterinnen und -mitarbeiter sowie Professorinnen und Professoren aus den Instituten gelegt werden. Die Standbetreuer müssen zielgerichtet auf das wichtige und aufwendige Verkaufsevent Messe vorbereit sein, um eine optimale Kontakt- und Informationsarbeit während der Messe leisten zu können. Ein professionelles Messetraining, das den Standbetreuern hinreichende Kenntnisse über eine erfolgsorientierte Gesprächsführung am Stand und eine narrative Präsentation der Exponate vermittelt, ist unumgänglich.

Für größere Gemeinschaftsstände sind unbedingt auch Servicekräfte einzuplanen. Eine Auswahl und Einstellung der Servicekräfte kann über private Agenturen, Messejobcenter der Agentur für Arbeit und natürlich auch direkt duch die Ansprache von Studierenden aus Fachgebieten der eigenen Hochschule oder wissenschaftlichen Einrichtung erfolgen. Die Hosts oder Hostessen sollten im Vorfeld eine umfassende Aufgabenbeschreibung im Hinblick auf die anfallenden Servicetätigkeiten meist Catering und Infotheke sowie eine thematische Einführung zu den einzelnen Ausstellern und ihren Exponaten erhalten, damit auch die Servicekräfte Fachbesuchern auf Anfrage nach einzelnen Ausstellern behilflich sein können.

Messenachbereitung 10

Messen gehen länger als sie dauern. Den Messeerfolg kontrolliert die intensive, sorgfältige und zielgerichtete Nachbearbeitungsphase im direkten Anschluss an die eigentliche Eventterminierung. Weniger als 10 % der Besucher kamen mit einer konkreten Kaufabsicht oder einem Kooperationsangebot auf die Messe. Jeder geknüpfte wissenschaftsrelevante Kontakt sollte deshalb intensiv gepflegt werden.

10.1 Planung der Messenachbereitung

Messenacharbeit bedeutet sowohl Kooperationsvorhaben anzubahnen, indem die Kontakte, die auf der Messe geknüpft wurden, weiterverfolgt werden, als auch Erkenntnisse zu gewinnen, wie die nächste Messe verbessert werden kann. Wichtig ist, Anfragen und Anliegen von Messebesuchern schnell zu bearbeiten, denn schnelle Reaktionen erhöhen die Chance auf eine erfolgreiche Kooperationsanbahnung oder die Beauftragung für eine forschungsnahe Dienstleistung. Bereits vor dem Messeauftritt sollte deshalb die Vorbereitung für die Nachbereitung erfolgen.

10.2 Erfassung der Messekontakte

Die Erfassung der Messekontakte ist die Grundlage der Messeerfolgskontrolle. Es ist wichtig, dem Standpersonal vor der Messe durch intensives Training die Bedeutung dieser systematischen Erfassung der Kontaktdaten zu vermitteln. Denn die Weichen für eine effektive und erfolgreiche Messenacharbeit werden damit nach der Vorbereitungsphase erneut während der Messe gestellt.

© Springer Fachmedien Wiesbaden GmbH, ein Teil von Springer Nature 2019   53
T. Knoll, *Wissenschaft auf Messen präsentieren*, essentials,
https://doi.org/10.1007/978-3-658-26808-4_10

Jedes Gespräch bzw. jeder Kontakt wird einheitlich unter Verwendung vorgefertigter Vorlagen für Gesprächsnotizen dokumentiert, die die Effizienz der Auswertung erhöhen (Abb. 10.1). Der Arbeitsaufwand für die Eingabe von Kundendaten lässt sich durch die Verwendung von digitalen Visitenkartenlesern mindern.

Kategorien der Kontaktbögen:

- Klebefeld für Visitenkarten,
- Angaben zur Firma und zur Person des Gesprächspartners,
- Angaben zur Qualifikation und Position des Gesprächspartners,
- Vermerk Neu- bzw. Altkunde, Fachjournalist oder Wissenschaftler,
- Aussagen über Gesprächsschwerpunkte, Korrespondenzsprache, ausgetauschte Produkt- und Firmenunterlagen sowie weiterführende Informationen, die zugesandt werden sollen,
- Hinweise des Gesprächsführenden für Maßnahmen bei der Messenacharbeit.

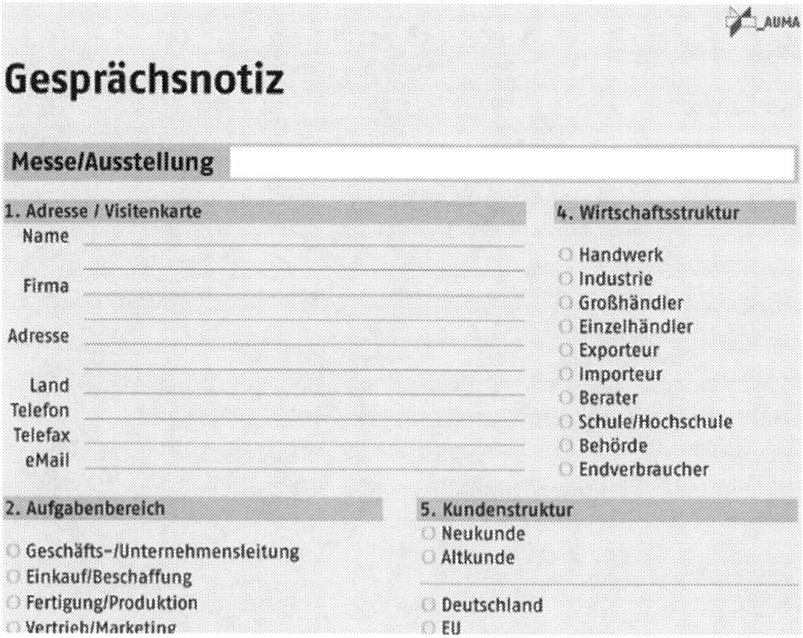

AUMA

Gesprächsnotiz

Messe/Ausstellung

1. Adresse / Visitenkarte

Name

Firma

Adresse

Land

Telefon

Telefax

eMail

4. Wirtschaftsstruktur

- Handwerk
- Industrie
- Großhändler
- Einzelhändler
- Exporteur
- Importeur
- Berater
- Schule/Hochschule
- Behörde
- Endverbraucher

2. Aufgabenbereich

- Geschäfts-/Unternehmensleitung
- Einkauf/Beschaffung
- Fertigung/Produktion
- Vertrieb/Marketing

5. Kundenstruktur

- Neukunde
- Altkunde

- Deutschland
- EU

Abb. 10.1 Beispiel für die Vorlage von Gesprächsprotokollen (AUMA)

10.3 Kennziffern für den Messeerfolg

Die Zahl der Kontakte auf der Messe (Leadzahl) ist nicht das allein entscheidende Kriterium für eine Erfolgskontrolle nach einer Messe. Wirklich vergleichbar sind nur bestimmte vergebene Kennziffern für zum Beispiel Kontakte auf Geschäftsführungsebene, auf technischer Ebene oder auf Einkaufsebene. Diese werden bei der Auswertung nach Gesichtspunkten, wie Neu- bzw. Erstkontakte oder Kontakte mit bereits bestehendem Partner, unterteilt.
Übliche Kennziffern im Messefeld sind:

- Anzahl der hergestellten Kontakte in absoluten Zahlen,
- Kosten des Messestands in Relation zu der Zahl der Kontakte und – sofern man die Kontakte qualifiziert – eine Umrechnung nach deren Bewertung,
- Feststellung der Zahl der Kontakte, die auf Vorwerbung und Einladung erfolgten,
- Definition nach Herkunftsländern.

Diese Kontaktzahlen für den eigenen Stand zeigen in Relation zu den von den Messegesellschaften veröffentlichten Ergebnissen, ob sich die Kontakte über oder unter den Durchschnittswerten bewegen sowie ihr Verhältnis zur ermittelten Gesamtbesucherzahl. Wenn zum Beispiel auf einem Stand von ca. 60 qm (bei einer viertägigen Messe und einer Gesamtbesucherzahl von 50.000–60.000) bis zu 600 Kontakte erfolgen, ist das ein recht gutes Ergebnis.

10.4 Messeerfolgskontrolle

Eine umfassende Messeerfolgskontrolle durchzuführen bedeutet auch, die Messestabilität zu berechnen, Kontaktkosten zu erfassen und Messebeteiligungen, wenn möglich, über mehrere Jahre hinweg auszuwerten. Diese Informationen sind wichtige Entscheidungskriterien für die Teilnahme an zukünftigen Messen. Mit einer gezielten Besuchersegmentierung erhält man das nötige Datenmaterial, einerseits für eine gezielte und damit erfolgreiche Nachbearbeitung der Messe und andererseits für eine Berechnung der Messekontaktkosten.
    Die grundlegende Berechnung der Messekontaktkosten erfolgt durch eine Teilung der Gesamtkosten durch die Anzahl der Kontakte. Dabei gibt es unterschiedliche Bewertungen der Messe-Kosten (mit oder ohne Kommunikationskosten) und der Berechnung der Anzahl von Kontakten (qualitativ oder quantitativ). Diese Kosten können mit den Methoden eines betriebswirtschaftlichen Vertriebscontrollings

weiter analysiert werden. Mittels einer Umwandlung von Erstkontakten in finali-
sierte Kooperationsvorhaben oder F&E-Dienstleistungsprojekte lässt sich eine
valide Kosten-Nutzenberechnung durchführen.

Neben diesen harten Kosten-Nutzen-Fakten im Sinne eines Return of Invest-
ment bei einer zukünftigen Entscheidung für oder gegen eine neuerliche Messebeteiligung sind aber auch die weichen, qualitativen Faktoren zu berücksichtigen,
die die Messe zum hervorragenden Kommunikationsinstrument machen. Hier
steht für eine Erfolgskontrolle die Medienresonanzanalyse (MRA) als Mess- und
Analyseinstrument zur Verfügung. Eine fundierte MRA ist mehr als nur eine Auf-
listung der Artikel sowie deren Bewertung. Um das Optimierungspotenzial maxi-
mal auszunutzen, muss eine MRA auf den Aussteller individuell zugeschnitten
sein. Eine Vielzahl von Ausschnittsdiensten bieten qualitative und quantitative
Analysen an. Die Ermittlung von sogenannten Aufmerksamkeitswerten und grafi-
sche Aufbereitungen liefern Ergebnisse auf einen Blick. Werden Erfolge und
Defizite zeitnah erkannt, kann die Medienarbeit kontinuierlich feinjustiert werden
(Abb. 10.2).

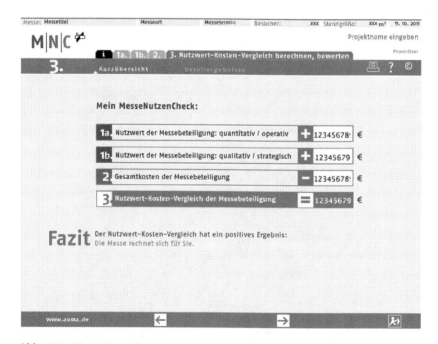

Abb. 10.2 MesseNutzenCheck des AUMA (AUMA)

Zukunft des Technologie- und Wissenstransfers auf Messen

11

Die vielfältigen Aufgaben des Technologie- und Wissenstransfers führen zu neuen wettbewerblichen Strukturen an den Hochschulen und Forschungseinrichtungen. Damit verbunden ist eine strategische Vorgehensweisen im Wissenschaftsmarketing mit dem Ziel des Werbens um geeignete Studierende, fähige wissenschaftliche Mitarbeiterinnen und Mitarbeiter sowie exzellente Professorinnen und Professoren. Hinzu kommt die Erschließung neuer finanzieller Mittel durch eine Erhöhung von Drittmitteln aus staatlichen und privatwirtschaftlichen Quellen.

Für die Einwerbung privatwirtschaftlicher Drittmittel aus industrienahen Kooperationen ist das Messewesen ein ideales Instrument des proaktiv gestalteten Technologietransfers. Daneben können Messebeteiligungen im Rahmen eines Benchmarketings helfen, dass sich Hochschulen und wissenschaftliche Einrichtungen als Innovationsträger einer Branche positionieren. Oder sich aufgrund des wettbewerblichen Studierendenmarketings und des aktiven Standortmarketings für die jeweilige Region, in die die Hochschule oder wissenschaftliche Einrichtung eingebettet ist, als exzellente Bildungs- und Weiterbildungseinrichtung zu empfehlen.

Im Sinne einer Optimierung ist es hier erforderlich, dass sich alle Partner aus dem Bereich der Transferleistungen von der Wissenschaft in die Wirtschaft, d. h. die Anbieter aus Hochschulen und Wissenschaftlichen Einrichtungen, die Messeveranstalter als Mittler und die potenziellen Interessenten aus der Wirtschaft, noch stärker über die jeweiligen Zielsetzungen und Umsetzungsmöglichkeiten austauschen. Dazu bedarf es einer vermehrten institutionellen Förderung und Unterstützung von Staat und Ländern ebenso wie vermittelnder Zusammenschlüsse wie des AUMA-Messeverbands oder des MAK – Messearbeitskreis Wissenschaft e. V.

© Springer Fachmedien Wiesbaden GmbH, ein Teil von Springer Nature 2019   57
T. Knoll, *Wissenschaft auf Messen präsentieren*, essentials,
https://doi.org/10.1007/978-3-658-26808-4_11

Gezielte Investitionen als Innovationsoffensive auf der Basis verstärkter Förderung und Vernetzung können in Zukunft zu einem weit über das bisherige Maß von Forschungs- und Technologiekooperationen hinausgehenden Effizienz führen. Die Transferallianz erhielte damit einen inhaltlichen Stellenwert, der der hohen Relevanz der Beteiligung von Institutionen aus dem Wissenschaftsbereich an Fachmessen als integralem Bestandteil des Technologie- und Wissenstransfers aus der Wissenschaft in Wirtschaft und Gesellschaft gerecht würde.

Gremien und Verbände in der Messewirtschaft

12

AUMA – Der AUMA, Ausstellungs- und Messe-Ausschuss der Deutschen Wirtschaft e. V. vertritt als Verband die Interessen aller Partner des deutschen Messemarktes (Aussteller, Besucher, Veranstalter und Serviceunternehmen auf nationaler und internationaler Ebene) gegenüber politischen und wirtschaftlichen Institutionen.

Der 1907 gegründete Verband informiert über Termine, Angebote, Aussteller- und Besucherzahlen von in- und ausländischen Veranstaltungen online, durch Printmedien und individuelle Informationen. Der AUMA unterstützt das Auslandsmarketing deutscher Veranstalter und organisiert Seminare und Präsentationen für Meinungsbilder im In- und Ausland, insbesondere in Ländern außerhalb Europas. Weiterhin lässt der Verband die Funktionen von Messen in den Absatz- und Beschaffungsprozessen der Wirtschaft untersuchen, um den hohen Stellenwert von Messen im Marketing-Mix zu untermauern.

Mit der jährlichen Herausgabe von Broschüren in bis zu neun Sprachfassungen, Plakat- und Anzeigenaktionen, Messeplanern und Messe-Guides sowie dem Promotionvideo „Messen made in Germany" und einem Messeratgeber informiert der AUMA weltweit über spezifische Qualitäten deutscher Messen und Messeveranstalter. Der Verband trägt so dazu bei, die Internationalität der deutschen Messen zum Nutzen von Ausstellern und Besuchern zu erhöhen.

In der AUMA Messedatenbank sind online Informationen über weltweit ca. 5400 Veranstaltungen gespeichert, davon gelten ca. 900 Termine für Messen und Veranstaltungen in Deutschland. Zudem erfolgen Hinweise auf entsprechende Förderprogramme durch Bund und Länder. Zur Unterstützung von Forschung, Studium und Recherche im Bereich der Messe- und Kongresswirtschaft steht Interessenten die seit 1997 bestehende Deutsche Messebibliothek des AUMA in Berlin zur Verfügung.

© Springer Fachmedien Wiesbaden GmbH, ein Teil von Springer Nature 2019
T. Knoll, *Wissenschaft auf Messen präsentieren,* essentials,
https://doi.org/10.1007/978-3-658-26808-4_12

Mitglieder des AUMA sind deutsche Wirtschaftsorganisationen und Industrie, Handel und Handwerk, Messe- und Ausstellungsveranstalter, Durchführungsgesellschaften für Auslandsmessebeteiligungen, Verbände für Kongresswirtschaft sowie Verbände von Dienstleistungsunternehmen aus den Bereichen Standbau, Design und Logistik.

Infos: www.auma.de/

www.deutsche-messebibliothek.de

FKM – Die 1965 gegründete FKM, Gesellschaft zur Freiwilligen Kontrolle von Messe- und Ausstellungszahlen, ist eine Art TÜV für das deutsche Messewesen. Sie unterstützt die Vergleichbarkeit der von den Messegesellschaften erhobenen Daten der verschiedenen Veranstaltungen.

Die Besucher-, Aussteller-, und Flächenzahlen der mit „FKM" gekennzeichneten Veranstaltungen werden nach den einheitlichen Richtlinien der FKM ermittelt und unterliegen der Kontrolle eines unabhängigen Wirtschaftsprüfers. Die Ergebnisse der geprüften Besucherstrukturtests geben Auskunft über die jeweils erreichten Zielgruppen, differenziert nach regionaler Herkunft, Branche, Kompetenz oder beruflicher Position.

FKM-Daten sind maßgebliche Entscheidungshilfen für eine Messeplanung. Die Daten lassen sich kostenfrei abrufen. Im Kern umfasst der FKM-Online-Service Informationen über die Aufgaben und die Funktionsweise der FKM, die wichtigsten Definitionen, Tipps für die Nutzung von FKM-Daten sowie Links zu den einzelnen Gesellschaften. Hier können sich Firmen informieren, die eine Messebeteiligung erwägen.

Fast alle deutschen Messe- und Ausstellungsveranstalter lassen jährlich wichtige Veranstaltungsdaten durch die FKM erheben. Die ermittelten Daten werden nach Abschluss der Prüfungen im FKM-Jahresbericht „Geprüfte Messe- und Ausstellungsdaten" zusammengefasst. Auf internationaler Ebene arbeitet die FKM mit vergleichbaren Zertifizierungsgesellschaften zusammen. In Europa gibt es insgesamt 19 Institutionen, die, ähnlich der FKM, Messedaten prüfen. In Zusammenarbeit mit europäischen Prüforganisationen erscheint jährlich die Broschüre European Trade Fair and Exhibition Statistics, die geprüfte Daten von rund 1320 Messen in 19 Ländern enthält.

Infos: www.fkm.de

FAMA – Der 1951 gegründete FAMA, Fachverband Messen und Ausstellungen e. V., ist ein Zusammenschluss von Messe- und Ausstellungsveranstaltern, die schwerpunktmäßig Regionalausstellungen, aber auch überregionale

Fachmessen durchführen. Ihm gehören 40 Veranstalter an, überwiegend private Unternehmen, aber auch einige kommunale Ausstellungsveranstalter. Der FAMA gilt als Vertretung der Veranstalter qualitativ führender Regionalausstellungen. Ziele der Arbeit sind die Verbesserung der Leistungsangebote der Mitglieder und des Qualitätsstandards der Veranstaltungen, die Verbesserung der Messetransparenz und die Zusammenarbeit mit allen am Messewesen beteiligten Behörden, Institutionen, Verbänden und mit der Fachpresse. Infos: www.fama.de

FAMAB – Der FAMAB Kommunikationsverband e. V., ist die Interessenvertretung von Fachunternehmen im Bereich der Live-Kommunikation, des Messe- und Ausstellungsbaus (Messebauunternehmen, Architekten, Designer, Systemhersteller, Marketing- und Eventagenturen und Lieferanten). Der 1963 gegründete Verband ist Ansprechpartner für Fragen rund um Messen und Events. Er engagiert sich in der Lobbyarbeit und der Schaffung branchenspezifischer Berufsbilder und Fortbildungsmöglichkeiten. Der Verband unterstützt Unternehmen bei der Auswahl des richtigen Partners für eine Messebeteiligung. Die Förderung der Zusammenarbeit mit den Organisationen im In- und Ausland, mit beteiligten Behörden, Institutionen, Verbänden, der Fachpresse und mit den Gesetzgebern gehören ebenfalls zum Aufgabenbereich des Verbands. Der FAMAB hat etwa 240 Mitgliedsunternehmen, die die Aufnahmekriterien hinsichtlich Kompetenz, Seriosität und Qualität erfüllen. Infos: www.famab.de

MAK – Der 2015 gegründete Messearbeitskreis Wissenschaft e. V. fördert als zentrales Kompetenz-Netzwerk den Technologie- und Wissenstransfer auf Messen und Ausstellungen sowie das Studierendenmarketing von Hochschulen. Er unterstützt die professionelle Informationsvermittlung an Mitglieder aus Hochschulen, wissenschaftlichen Einrichtungen und der Messebranche (Messegesellschaften, Verbänden und Ministerien). Ziel ist die Schaffung einer Informationsbörse, einer Aktionsplattform und Interessensvertretung für alle Beteiligungen an nationalen und internationalen Messen. Halbjährlich finden an wechselnden Orten Tagungen statt. Mitglieder des MAK sind Universitäten, Hochschulen und Messegesellschaften aus der Bundesrepublik und Österreich. Infos: www.mak-wissenschaft.de

UFI – UFI, Union des Foires Internationales (Weltmesse-Verband), wurde 1925 gegründet. Sie ist die einzige weltweit tätige Organisation für international operierende Messeveranstalter, Messegeländebesitzer bzw. -betreiber. Messeverbände, Industriepartner und Kontrollorganisationen für Messestatistiken können als assoziierte Mitglieder in die UFI aufgenommen werden. Als Verband ohne politische Zielsetzung verfolgt die UFI die Aufgabe, den internationalen Handel durch die Aktivitäten ihrer Mitglieder zu fördern.

Ihre Aufgabe besteht zudem darin, ihre Mitglieder und die internationale Messewirtschaft weltweit zu repräsentieren und die einzigartigen Vorzüge von Messen bei der Entwicklung des internationalen Handels hervorzuheben.

Infos: www.ufi.org

IDFA – Die IDFA, Interessengemeinschaft Deutscher Fachmessen und Ausstellungsstädte, verbindet das Ziel, Erfahrungen auszutauschen und vor allem optimalen Service für Aussteller und Besucher zu bieten. Eine enge Zusammenarbeit verbindet die IDFA mit dem AUMA, mit der FKM und dem Messeweltverband UFI. Die zehn IDFA-Gesellschaften (u. a. Dortmund, Essen und Leipzig) organisieren insgesamt rund 230 Fachmessen und Ausstellungen.

Infos: www.idfa.de

Was Sie aus diesem *essential* mitnehmen können

- Die Funktion von Messen im Wissenschaftsmarketing
- Die Projektierung und den Projektplan einer Messebeteiligung
- Die erfolgreiche Umsetzung: Messestand, Messekommunikation und Besuchermarketing

© Springer Fachmedien Wiesbaden GmbH, ein Teil von Springer Nature 2019
T. Knoll, *Wissenschaft auf Messen präsentieren*, essentials,
https://doi.org/10.1007/978-3-658-26808-4

Weiterführende Literatur

Akademie Messe Frankfurt, Hrsg. 2010. *Marketing – vor, während und nach der Messe. Messewissen für Profis. Messe Frankfurt*. Frankfurt a. M.: Akademie Messe Frankfurt.

Dieter, Arnold. 2003. *Erfolgreiches Messemarketing: Veranstaltungstrends – Ausstellerangebote – Messeservices*. Renningen: Expert-Verlag.

Dieter, Arnold. 2008. *Messepraxis. Die professionelle Unternehmenspräsentation auf Messen und Ausstellungen*, 2, Auflage m+a Aufl. Frankfurt a. M.: Deutscher Fachverlag.

AUMA Ausstellungs- und Messe-Ausschuss der Deutschen Wirtschaft e. V. 2019. Erfolgreiche Messebeteiligung – Teil 1 – Grundlagen AUMA Praxis 2019. Tipps für die Planung und Durchführung von Messebeteiligungen. Von der Messeauswahl bis zur Erfolgskontrolle. Broschüre mit Checklisten. AUMA. 107 Seiten. PDF-Datei. Deutsch und Englisch. Berlin.

AUMA Ausstellungs- und Messe-Ausschuss der Deutschen Wirtschaft e. V. 2019. Erfolgreiche Messebeteiligung – Teil 2 – Spezial Auslandsmessen AUMA Praxis 2019. Auslandsmessebeteiligungen und Auslandsmesseprogramm von Bund und Bundesländern. AUMA. 91 Seiten. PDF-Datei. Berlin.

AUMA, Hrsg. 2018. *Die Messewirtschaft: Bilanz 2017*. Berlin: AUMA (PDF).

AUMA, Hrsg. 2018. *Die gesamtwirtschaftliche Bedeutung von Messen und Ausstellungen in Deutschland*, 49. Aufl. Berlin: AUMA (PDF).

AUMA, Hrsg. 2018. *AUMA MesseMediaGuide 2018*. Berlin: AUMA (PDF).

AUMA, Hrsg. 2018. *AUMA Messetrend 2018*. Berlin: AUMA (PDF).

Budach, W., P. Kayser, W. Krug, H.G. Meier, und F. Stracke. 1992. *Hochschulen und Messen. Praktische Hinweise für Messebeteiligungen durch Hochschulen*. Kremkau: Verlag K.H. Bock.

Clausen, E., und P. Schreiber. 2000. *Messen optimal nutzen: Ziele definieren und Erfolge programmieren* (Englische Ausgabe: How to optimise the use of trade fairs: Defining Goalsand planning success). Max Schimmel Verlag, Würzburg.

Eichhorn P. und K.E. Goehrmann. 2003. *Aufgaben und Ziele der Messen in Deutschland* (ZögU Beiheft 30). Baden-Baden: Nomos-Verl.-Ges.

Esche, Anna-Katharina, und Lars Lockermann. 2017. *Messen professionell managen: Das Handbuch für Messeorganisation*. Göttingen: Business Village Verlag.

© Springer Fachmedien Wiesbaden GmbH, ein Teil von Springer Nature 2019
T. Knoll, *Wissenschaft auf Messen präsentieren,* essentials,
https://doi.org/10.1007/978-3-658-26808-4

Fuchslocher, H., und H. Hochheimer. 2000. *Messen im Wandel: Messemarketing im 21. Jahrhundert (Englische Ausgabe: Trade fair marketing in the 21st century)*, 2000. Wiesbaden: Gabler.

Henke, Justus, Peer Pasternack, und Sarah Schmid. 2017. *Mission, Die dritte: Die Vielfalt jenseits hochschulischer Forschung und Lehre: Konzept und Kommunikation der Third Mission*. Berlin: BWV – Berliner Wissenschafts-Verlag.

Huckemann, Matthias, Urs Seiler, und Dieter S. Weiler. 2005. *Messen messbar machen. Mehr Intelligenz pro m²*, 4. Aufl. Berlin: Springer.

Nittbaur, Gunter. 2014. *Wettbewerbsvorteile in der Messewirtschaft. Aufbau und Nutzen strategischer Erfolgsfaktoren*. Wiesbaden: Gabler Edition Wissenschaft.

Kalka, Regine, und Sabrina Krähling. 2009. Multimediale Public Relations bei Messegesellschaften. Forschungsberichte des Fachbereichs Wirtschaft der Fachhochschule Düsseldorf. Düsseldorf working papers in Applied Management and Economics, Düsseldorf.

Kirchgeorg, M., W.M. Dornscheidt, W. Giese, und N. Stoeck, Hrsg. 2018. *Handbuch Messemanagement: Planung, Durchführung und Kontrolle von Messen, Kongressen und Events (Englische Ausgabe: Handbook of trade fair management: Planning, execution and control of trade fairs, conventions and events)*. Wiesbaden: Springer.

Kimmelmann, Michael. 2014. *Der Messe Wahnsinn. Planloser Auftritt oder erfolgreicher Auftritt*. Norderstedt: BoD Books on Demand.

Knoll, Thorsten. 2013. Messen und Ausstellungen. In *Events in der Wissenschaft*, Hrsg. Michaela Kirchner, 11–72. Berlin: Innokom Verlag.

Knoll, Thorsten, und Merten Wolfgang, Hrsg. 2019. *Handbuch Wissenschaftsmarketing*. Wiesbaden: Springer.

Kreuter, Dirk. 2014. *Erfolgreich akquirieren auf Messen: In fünf Schritten zu neuen Kunden*. Wiesbaden: Springer.

Luppold, Stefan, Hrsg. 2018. *Digitale Transformation in der MICE-Branche: Messe-, Kongress- und Eventmanagement im Wandel WFA*. Stuttgart: Medien Verlag.

Luppold, Stefan, und Michael Dinkel, Hrsg. 2013. *Handbuch Messe-, Kongress- und Eventmanagement*. Sternenfels: Wissenschaft & Praxis.

Maskell, P., H. Bathelt, und A. Malmberg. 2004. Temporary clusters and knowledge creation: The effects of international trade fairs, conventions and other professional gatherings. SPACES 2004. Philipps-Universität Marburg.

Roessler, Isabel, Sindy Duong, und Cort-Denis Hachmeister. 2015. Welche Missionen haben Hochschulen? Third Mission als Leistung der Fachhochschulen für die und mit der Gesellschaft. CHE gemeinnütziges Centrum für Hochschulentwicklung. Arbeitspapier 182.

Schneidewind, Uwe. 2016. Die „Third Mission" zur „First Mission" machen? Die Hochschule 1. 2016. Wissens- und Technologietransfer als Gegenstand institutioneller Strategien. Positionspapier des Wissenschaftsrats (Drs. 5665-16). Weimar.

ter Weiler, D.S., Kai Ludwigs, Bernd Lindenberg, und Björn Jopen. 2016. *Messen machen Märkte: Eine Roadmap zur nachhaltigen Steigerung Ihrer Messeerfolge*, 9. Aufl. Wiesbaden: Springer.

Zomer, Arend, und Paul Benneworth. 2011. The rise of the University's third mission. In *Reform of higher education in Europe*, Hrsg. Jürgen Enders, Harry De Boer, Jon File, Ben Jongbloed, und Don Westerheijden, 81–101. Wiesbaden: Springer.

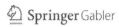

Printed in the United States
By Bookmasters